行列顧客ができる、

利益を生み出す

統計学マーケティン

運や勘に頼らない、
データの活かし方

マーケティング コンサルタント
三宅 康雄

はじめに

「もっと、お客様が増えないかなー」「たくさんのお客様にご来店して欲しい…」

このように思っている経営者がほとんどでしょう。

顧客がいなければ、商売は成り立ちません。売り上げを上げるために、多くの会社は必死に努力しています。

新しい商品開発や、顧客サービスを充実させる、スタッフ教育に励むなど、日々苦労をしているのです。また、集客するために、広告を拡大したり、ネット環境を充実させるなどに取り組まれている会社はたくさんあります。

それでも、思うように集客できないのは何故でしょうか？

実は、これらに着手する前に、することをしていないからです。

それは、会社に眠る情報に全く目を向けていないことなのです。

あなたの会社の顧客に関する様々な情報、例えば住所や年齢などの基本的な情報、それらの顧客がいつ何をどれだけ買ったかの情報、顧客とのやり取りの情報、などなど、

これらの過去の情報は大量に会社に残っている可能性があります。

過去の情報はエビデンスであり、今後の集客のためのマーケティング施策立案の根拠となるのです。

つまり、顧客がどのような商品をいつ買ったかなどは、顧客が商品をどのようなタイミングで買っているのかがデータから把握できます。そして、その情報に基づき顧客が最も買いやすいタイミングで顧客と適切に接触することで、顧客はスムーズに購入に至ることでしょう。

しかし、それらの情報の重要性に気づいていなかったために、会社のどこかにバラバラになって残っているの場合が多いのです。

そのバラバラになっている情報を、整理整頓しマーケティングに活用できるデータベースにすることが、会社にとって最も最初に取り組むべきことなのです。

さらにこのデータベースの情報を簡単な統計手法を使って、分析することでより、統計上における客観的な裏付けの取れたマーケティング施策を計画し実行することができます。


つまり、運や勘に頼ることなく、極めて成功率の高い集客が可能となるのです。

しかし、マーケティングが専門のマーケッターでさえ、これまでは、データ分析と言っても簡単な集計結果で、マーケティング施策を立案していることがほとんどでした。

しかし、私はマーケティングに必要なものは統計学であると断言できます。

統計学と聞くと、とても難しく感じるでしょう。しかし、マーケティングには簡単な統計手法を用いるだけでも十分な効果があります。


本書では、これまで統計に関わったことのない方、さらにマーケティングに関わったことのない方でも、明日から実行できるノウハウを詰め込みました。

また、リピーターを増やすには、顧客との関係性を構築することが最重要です。

顧客と良好な関係性を築いて、顧客の生涯価値を高めるために、ＣＲＭ（カスタマーリレーションシップマネジメント）の仕組みが必要です。

しかし、これも中小企業においては、少々ハードルが高く、費用もかかり、実行することも困難でした。

そこで、私は中小企業もで無理なく、しかも効果的なCRMの仕組みである、「関係性マーケティング」を28年の経験から生み出したました。

この仕組みの作り方も本書で公開しています。

さあ、統計学と顧客との関係性を構築する、新しいマーケティングの仕組みをあなたの会社にも作りましょう。

その仕組みは競合他社にはない、あなただけの強力な集客エンジンとなるでしょう。

令和3年　春　マーケティングコンサルタント　三宅 康雄

Contents

Contents

Contents

第1章

なぜ、これまでの集客方法が通用しないのか？

いつまでたっても経営者は集客に苦労する

「集客に困っています！」このようなご連絡が次から次えと私のところに寄せられます。お客様がいなかったら、経営は成り立ちません。会社が継続できるかどうかは、集客できるかどうかのその一点にかかっています。

優秀な社員を育てる、いい商品を開発して販売する、清潔な店舗にする、顧客サービスを徹底する、それらの目的は全て集客のためです。

つまり経営者の最大の課題は「集客」なのです。だから経営者は常に集客に苦労するのです。「集客に苦労したことがない。」という経営者はほぼいないでしょう。

「広告を出せば集客できる。これまでもずっと、そうしてきた…」このように、旧態然とした方法のみにしがみついてしまう経営者の方は多いでしょう。しかし、その広告もどんどん集客力が落ちてきて、広告費を回収できないという状況が当たり前になってきました。かつて私がコンサルティングしていた、ある会社でも7、8年前に比べると、ガクンと広告による集客力が落ちてきています。これには様々な理由があります。同じような商品を販売する同業他社が増えてきて差別化ができなくなってきた、顧客のニーズ・ウォンツが細分化してきた。そもそもこれまで広告出稿してきた媒体が弱体化してきた、などです。

また、現状、広告の主戦場はインターネットに移行していますが、当然、インターネットの世界も競争が激化しています。こちらも、7、8年前と比べるとまったく違う世界になっています。

例えば、私がコンサルティングしていた会社のある商品は、7、8千円で一人の顧客を獲得できていましたが、現在は1万8千円でも厳しい状況です。つまり、リピートが増えない限り、広告をすればするほど、赤字が増え、やがて倒産します。このような状況で、経営者はどのようにすれば生き残れるのでしょうか？

また、ある会社では、これまでは十分、利益を確保していた商品単価で販売していましたが、後発のライバル会社が同様の商品で低い単価の商品を販売してきました。しかも品質も大して変わりはありません。そうなると、ある程度、その会社の商品単価に合わさないと、顧客が奪われてしまうので、仕方なく単価を下げた結果、利益が減り続けるという悪循環に陥る会社もあります。

集客は経営者にとって、今までもこれからも重要な課題です。
それでは、今後どのように集客すれば良いのか？
その答えが本書にあるのです。

多くの経営者が集客のために不足している知識とは？

私がコンサルタントとして独立してから14年が経過しました。その間に、データベースマーケティングという切り口から、CRM（カスタマー・リレーションシップ・マネジメント）をベースに中小企業でも実戦可能な「関係性マーケティング」というマーケティング手法を確立させたという自負があります。

ちなみに、CRMとは顧客との繋がりを積極的に作り出し、関係性を管理する仕組みです。それにより、顧客からの信頼度、親密度を高めることになり、結果的に優良顧客を多く生み出す経営戦略となります。

拙著『「私のことわかってくれてる！」とお客様に喜ばれるには』（あさ出版刊）では、その関係性マーケティングについて、顧客データベースをどのように構築し、顧客との関係性を深めていけばいいのか、一連の方法を紹介しました。

執筆した時点では、一人でも多くのロイヤルカスタマーを生み出す方法であり、最大限の利益を得る方法でもあると考えておりました。

しかし、コンサルティング活動を続ける中で、多くの経営者にある知識が不足していると痛烈に感じたことがあります。それは、データベースに蓄積されている「顧客情報」やその顧客の「購買履歴情報」をどのように分析して、マーケティングに役立てるのかの基本的な知識が不足していることです。

そもそも情報の重要性を理解されていない方が多いのです。その証拠に顧客データベースを構築し、運用している会社がほとんどないことです。

後の章でも詳しく述べますが、経営者にヒヤリングすると「うちには顧客情報はあります。」と自信たっぷりにお話されていますが、実際にそのデータを拝見すると、とてもデータベースと言える代物ではありません。

例えば、BtoBの場合では、得意先の担当者が変わっているのに、ずっと最初に登録したままになっているなど、顧客の基本情報がまったくメンテナンスされていないケースもよく見受けます。また、ただ単に売上伝票の形でデータが残っているだけの場合も多くあります。この状態のデータからは、顧客別に購買履歴が見られないので、実際の顧客数が把握できない、顧客ごとの購買合計金額やリピート回数がわからないなど、まったくマーケティングでは使うことができない状態のデータなのです。

統計学の知識があなたの集客を最強の方法に変える！

私はデータベースを活用しながらマーケティングに取り組んできましたが、活用する過程では必ずデータを分析するための、統計学が必要になってきます。「統計学」というと敷居が高く感じられるかもしれません。しかし、基礎的な統計手法を使うだけで、格段に有効な集客方法に改善ができるのです。

本書では、マーケティングに必要となる統計学について、ていねいに解説します。具体的な事例を元にしながら、どう使えばいいのか解説しています。本書を読み解いていただければ、これまでのあなたの集客方法が根本から変わります。統計学を元にした「最強の集客方法」を身に付けることができるでしょう。また、本書で解説するマーケティングに使う統計手法は統計学の中でも、極めて初歩的な部類のものなので、簡単に導入することができるでしょう。

ただし、本書はマーケティング本です。本気で統計学を学びたい方は統計学の専門書をお読みになることをお勧めします。マーケティングを学ぶには統計学は避けて通ることができません。しかしながら、マーケティングの解説本には、統計に関する内容が極めて少ないのです。だから、マーケティングの専門家を謳う方でも、統計の知識の不足している方が多いことに危惧していました。それが、本書を世に出すきっかけとなったのです。

本書では統計学の全てを解説した本ではありません。集客のためのマーケティングをする中で、「このような場面では、このような簡単な統計手法を使いましょう。」と言った、あくまでもマーケティングを中心に統計の活用を示唆した本です。

また、本書では統計学以外にＣＲＭに基づくマーケティングの仕組みの作り方や具体的な手法についても詳しく解説していきます。

▼「下手な鉄砲数打ちゃ当たる」のまぐれ当たりでなく、確実に集客するために

しかも、この統計学を元にした集客方法は、過去のデータ（エビデンス）に基づく集客方法なので、失敗する確率が極めて低いのです。私が多く見ていた失敗の主な原因は、前述した通り、そもそもデータベースを構築していないか、データがあったとしても間違った分析をしているために、間違った集客方法を構築して失敗してしまうのです。

もちろん、うまくいっている場合もありますが、そのほとんどは「まぐれ当たり」です。「下手な鉄砲数打ちゃ当たる。」ではありませんが、当たったとしても、当たるまで時間と費用がかかりすぎてしまっては、やがて、どこかの時点で廃業することになってしまう可能性もあるのです。

本書はデータベースに蓄積されたデータを、基本的な統計手法使ってどのようにマーケティングに活かしていくのかを解説します。さらに、分析結果を通じて、どのように関係性マーケ

ティングの仕組みを作っていくのかを具体的に紹介していくので、「下手な鉄砲数打ちゃ当たる」の世界から脱することができます。効率よく時間と費用を使い、利益を生み出していくことができるでしょう。

いつも残念なのは、私が経営者に対して、「データベースを蓄積しましょう」といくら説明しても、その重要性について理解してもらえないことです。確かに、データの分析方法がわからないと、そのデータがいかに重要な意味を持っているかはわからないと思います。本書では、データの重要性についても触れたいと思っています。

私が売り上げを16倍にできたのは？

私はある通販会社よりコンサルティングの依頼をいただきました。

私のコンサルティングはまず、その会社で保管されているデータを拝見することから始めます。これまで多くの会社を見て来ましたが、ほぼ、マーケティングに活用できるような状態ではありません。

小さい会社の場合は、顧客情報があらゆるところに分散されていることも珍しくありません。

この通販会社のコンサルティングを開始するにあたり、まずはデータを確認させていただきました。そうすると、メールフォームで受けた注文やら、ＥＣサイトのショッピングカートでの注文データなど、顧客情報がバラバラになっていました。

また、注文単位の情報なので、どの顧客が何回リピートしたからなど一切わかりません。

私は、この会社の社長に、これまでどのようにして、顧客へ様々な告知をしていたのかと聞きました。とにかく注文のあった顧客のメールアドレスを、メール配信システムに入れて、不定期にメルマガを出していたとのことです。

まずは顧客ごとに購買履歴がわかるような基本的なデータベースにする必要がありました。

注文ごとの情報なので、顧客ごとの情報にするのは、「名寄せ」という作業が必要になります。

「名寄せ」とはバラバラのデータを顧客名で寄せてくる、つまり、顧客名が同じ情報をまとめることです。ただし、実際には同姓同名が数多くありますので、それ以外の住所、電話番号、メールアドレスなどの情報も参考にします。しかしながら、引越ししている場合や、電話番号、メールアドレスを変えている場合もあります。なるべく同一人物に間違いないという条件を設定して名寄せします。また、結婚して姓が変わっている場合もあり、同姓同名ではないが同一人物ということもあります。

このように苦労して名寄せ作業をして、顧客ごとの購買履歴を見ることができるデータベースにするのに、数ヶ月の日数を要しました。

そして、ようやくマーケティングできる状態になったのです。そして、やっとスタートラインに立つことができました。

そして本書で詳しく解説する方法でマーケティングを行い、スタートから3年弱で売り上げが16倍になったのです。

私は、あなたの会社でも本書で紹介している方法で16倍とは言わなくても、3倍、4倍は容易に達成できるものと考えています。

第2章

どうして集客に統計学が必要なのか?

集客にはデータが絶対必要なわけ

ビジネスにとって大切なもの。それは、情報。すなわちデータです。「データを制するものが、ビジネスを制す。」という言葉もあります。企業にとって最も情報な情報。それは、顧客情報です。前述しましたが、実はこの顧客情報をきっちりとしたものを管理できている会社は数少ないのです。私は多くの会社の顧客情報やデータを見てきましたが、マーケティングに使える情報を管理運用できている会社は、ほとんどありませんでした。


それでは、日本の過去のビジネスでは情報をどのように扱っていたのでしょうか？

江戸時代から明治・大正の頃まで商家で使われていた日本国有の会計帳簿が大福帳です。大きな福と名付けられた、この帳簿はまさしく大きな福をもたらして欲しいと商売繁盛を願う商家の象徴でもありました。

大福帳は得意先ごとに口座を設けて商品の品目、数量、価格などの取引情報を記載された帳簿でした。いわゆる現在で言うところの顧客データベースです。

商家にとって最も重要な帳簿とされていたため、主人や番頭のみが取り扱い、店員には秘密にしていた店もあったようです。

また、一説によると商売を引退する際は大福帳を他者に売ることにより退職金代わりにしていたそうです。それほど、大福帳は資産としての価値が高かったのです。

「火事と喧嘩は江戸の華」と言われたぐらい江戸の町は火事が多発しました。江戸の町は木造家屋が密集していたこともあり、大規模な火災も多く発生したのです。

商家では、火事の際に大福帳を真っ先に持って逃げるか、井戸に投げ込みました。商品や店舗が燃えても大福帳さえあれば、商売はすぐに再開できるからです。

やがて火事が落ち着くと、井戸から大福帳を取り出しました。大福帳は特殊な紙で作られていて水に濡れても文字が滲んだりしなかったのです。

そして、大福帳に記載されている顧客に火事で焼失した商品のお詫びがてら訪問することで、次の注文に結びつけるのでした。結局は商品や店舗より顧客情報がもっと価値が高いということを先人の商人達は身にしみて知っていたのです。

現在のビジネスでも同じことが言えるのではないでしょうか。

顧客との関係性を重要視することは、商売の基本と言えます。だからこそ、顧客の情報が詰まった大福帳が最重要であったのです。

このように過去のビジネスでも顧客情報は重要視されていました。

ではなぜ現代の企業ではきっちりとした顧客情報が蓄積され管理運用ができていないのでしょうか。それは、マスマーケティング時代が長らく続いたからであると私は考えています。マスマーケティングとは大衆に大量のメッセージを投げかけ注意を引いて、販売していく方法です。ところが現代では、市場の成熟などにより、全ての人に同じメッセージ、つまり同じような大量の広告をしても集客が簡単にできなくなってきたのです。

マスマーケティング時代では、個々の顧客の区別はなく、顧客は顧客全体として扱いました。それが理にかなった方法であったからです。

既存顧客を「十把一からげ」と扱うことにより、画一的で効率的なマーケティングを展開することができるのです。

例えば、全顧客に対して、同じ内容のDMやメールを送るなどです。

このように全顧客に対して、同じ内容のメッセージを送ることは、一つだけの内容を作れば完結するので面倒がありません。そして、一斉に送ればいいのです。

それでリピートをしてくれれば、最も楽で無駄がありません。

しかし、現状ではそれが通用しなくなりました。まず大きな問題は、DMの乱発です。DMを出せば売れた時代だったのです。それがどんどんエスカレートして、売り込みが中心のDMを頻発して送りつけることになったのです。顧客は売り込み中心のDMは不必要で迷惑なものとして捉えられるようになりました。

私は通販に携わっていますが、顧客から電話で注文を受ける際に「こちらからDMを送っていいですか?」など一切聞いていないのに、「DMは送らないでください。電話もかけてこないで。必要があればこちらから連絡するから。」と言われるお客様が多数います。これは、これまで多くの企業が売り込み中心のDMを送り続けた結果です。

マスマーケティング時代が終焉した今こそ、忘れ去られていた過去の遺物である大福帳が再び注目されるべきです。さらに現代風にデジタル化をして復活することで現状の集客問題を打破できるのです。

脱・思い込み。基本的な統計学だけでも集客力が別次元に

これまで統計学をマーケティングに取り込む具体的手法はあまり紹介されてきていません。そのため、過去のデータを分析することなく、思い込みや予測でマーケティング戦略を立ててしまった結果、失敗する事例が数多くあったと思われます。

私はサラリーマン時代に、医学臨床統計の仕事に関わっていたことがあるため、専門家から統計学を学んでいたことがあります。しかし、当時は統計学がいかに重要なのかがわかっていなかったので、「難しいなー」と思いながら「仕事に必要だから」という理由だけで勉強をしていました。

正直に告白してしまうと、実のところ詳しい検定方法などは忘れてしまっています。マン・ホイットニーとかウィルコクソンなどの、ややこしい統計用語は、名前は覚えている

が、その計算式や手法は忘れてしまっています。

しかし、その後、データベースマーケティングに深く取り組むようになり、統計学の重要性にようやく気づいたのです。過去の販売データは、エビデンス（証拠、裏付け）であり、エビデンスデータを分析することで、最適なマーケティング戦略を立てられることに気づいたからです。

「統計学」と聞くと、専門的な学問と思われがちです。確かに手法的には難解なものも多いのは事実です。しかし、マーケティングに難しい統計学の「難しい」ところは必要ありません！　基本的な知識だけを活用することにより、有効なマーケティング戦略を立てることができます。

統計手法を取り入れないか、取り入れるかで集客のステージは、まったく変わります!!

集客が別次元になると言ってもいいくらいです。本書は基本的な統計学を使い、どのようにマーケティングしていくのか、具体的な方法を解説していきます。

統計なんか怖くない。簡単統計学の勧め

統計と聞くと「難しいなぁ」と思われる方がほとんどだと思います。先ほどもお話しした通り、私は難しい検定の計算方法は忘れています。しかし、過去の顧客データである数値をほんのいくつかの統計手法を使うことで、集客の精度はまったく変わってきます。

例えば、みなさん、平均値などは普通に使っていますね。それ以外にも中央値、最頻値など決して難しい計算をしなくても導けるものもあります。これらもマーケティングには重要な統計です。

また、マーケティングに必要な統計手法としてはクラスター分析があります。これも難しい印象があると思いますが、理屈は単純です。似ているデータを集めることです。例えば顧客の年齢層で分けてグループ化する、ある集団で同じ趣味を持っている人で集める、などです。これは後の章で詳しく解説します。

さらに、広告などのＡＢテスト（同じ商品で2種類の広告を出稿した場合、どちらの広告の

方が集客に優れているか?をテストする手法）では、有意差検定という手法を使うと、本当にどちらの広告が優れているかが統計的に判断できます。これは重要な検定で、この手法を使わないと間違った判断をしてしまうことになり、結果的に無駄な出費をすることになります。こちらものちの章で詳しく解説します。

有意差検定と聞くと難しいと思われるでしょうが、エクセルで一つの関数を使えば簡単です。ですので、計算式とか覚える必要はありません。そのほかエクセルではたくさんの統計をするための関数が搭載されています。どのようなシーンでどのような関数を使えばいいのかを覚えるだけでいいのです。

本書ではいくつもある検定方法から、最低必要でかつ、マーケティングの効果が高い統計方法のみを紹介していきます。

集客力が飛躍的にアップする分析とは？

どうして、集客に統計が必要なの?この答えこそ、本書が存在する意味です。統計学は医学の臨床データの解析、経済学、心理学などにも必須の学問と言われています。

もちろんマーケティングにおいても必須の学問です。これまで、そのことについて解説しているコンサルタントはほぼいませんでした。またマーケティングと統計の関係をわかりやすく解説した本もほぼありませんでした。その意味で本書がマーケティングにおける統計手法を解説した初めての本ではないかと思っております。

多くの場合、統計学を専門としている方が、マーケティングでも、このように統計を活用できるという内容で、統計学の書籍の一部で解説している場合はあります。

しかし、マーケティングの専門家がマーケティングの現場で実際に活用している統計について解説している書籍やサイトなどは、私の知る限りはほぼありませんでした。

だからこそ、私は本書を出版しようと決意したのです。


ところで、ビッグデータという言葉を聞いたことがあると思いますが、このビッグデータには統計手法を使って分析しないと、ただの大量のデータとなり何の意味もないものになります。

ちなみにビッグデータとは「既存の一般的な技術では管理することが困難な大量のデータ群」と一般的には定義されています。

大量のデータで、数字、テキストデータだけでなく、音声、ビデオ、位置情報などありとあらゆる種類のデータなどを多角面的に分析してマーケティングに活かしていこうという流れが2010年前後から始まりました。

現在のマーケティングではこのビッグデータを統計解析して、何らかの関連性や動向を読み取ろうとしています。その解析結果で新しい仕組みを構築したり、マーケティング計画を立てたりしています。

一般の中小企業においては、ビッグデータというほどのデータは蓄積されていないでしょう。しかしながら、これまでの顧客情報や顧客の購買データは持っています。これを活かさない手はありません。このデータを正しく分析することで、顧客の購買行動などが分かり正しいマーケティング計画を立てることができます。

例えば、「顧客は私たちが扱っている多くの商品の中で、最初に買う確率が高い商品はなんだろう?そして、その次の買う確率が高い商品はなんだろう?」という疑問に過去のエビデンスは確実に答えてくれます。

それが分かれば、最初に販売すべき商品、その次の勧めるべき商品、そしてどのタイミングで「どのように勧めれば買ってくれる確率が増すのか？」がわかるので、そのストーリーに沿ってマーケティングを組み立てれば、集客は飛躍的にアップします。

第3章

「顧客情報」イコール「お金」という感覚を持つ

ダメな会社は情報というお金を捨てている

「データを制するものが、ビジネスを制す。」という言葉の通り、データとは言い換えると情報になります。つまり、会社にとって情報は重要なものであり、活用することでお金に変わります。つまり会社にとって情報はお金なのです。

みなさんの会社には多くの情報があります。「あります。」と言うより「眠っている。」と言った方が妥当です。貴重でお金にも変わる情報があるにも関わらず、眠らせています。これでは「捨てている。」と同じです。

しかも、多くの経営者はそのことに気づいていないのです。また、「情報は重要だ。」ということをなんとなく分かってはいるけど、それが大金に変わるとまでは思っていない人もいます。だから、会社に眠る情報をどのようにすれば良いのか?また、それがどのような結果を生み出すのか?が分かっていないのです。

だから、そのような方が私のところに相談に来られるわけです。

私がコンサルタントとして独立して間もない頃、ある経営者の方が相談に来られました。経営者としては長年の経験のある方に見受けました。そして、私が行なっているコンサルティングの内容をお知らせいたしました。「まず、顧客データベースを作っていただき、そこから売り上げを増やす方法をアドバイスしています。」と私はお伝えしました。ところが、その経営者の方は、不思議そうな顔をしています。「そのような内容の依頼をする人がいるのですか？顧客データベースで売り上げを上げる…そんなことはできると思えない。データベースといえばただの情報の集まりに過ぎないから。」と言ってお帰りになりました。

よくよく聞きますと、その方は独自の顧客管理のソフトウエアが欲しかったらしいので、私の知り合いのソフトウエア開発会社を紹介しました。その方は顧客情報を活用することで売り上げが生まれることが理解できなかったようです。

この方の場合、とりあえず情報の必要性は感じておられました。しかし、その情報からお金に変わることは理解できなかったのです。このように情報がイコールお金に繋がることが理解できない多くの会社は、情報というお金に変わるものを捨てているのと同じです。

数年前にある会社よりコンサルティングの依頼がありました。

私の場合は、まず、顧客データのチェックを行います。どのような状態でデータが蓄積されているのか、それをどのように管理されているのかなどです。

早速、私は顧客情報や購買情報がどういう状態になっているのかを確認しました。

驚くことに、顧客情報というような明確なものはなく、紙の売上伝票が十数個のダンボール箱に入ったままでした。この状態では何の利用価値がありません。

まず、新しい取引から入力しデータ化するようにアドバイスしました。しかし、費用も時間もかかるので、入力はしたくないとのことでした。

それをせずに、集客する方法はないのか?との返答でした。新たな広告をすれば多少なりとも集客はできますが、それでは根本的な解決ではありません。それを説明した上で、コンサルティングの依頼はお断りしました。

このように情報に対する価値を正しく持たれていない会社は、今後はますます厳しい状況が待っているでしょう。

ゴミのようなデータを使って分析しても結果はゴミ

情報はイコールお金と言いましたが、実は、あまりにも古い情報は、ほとんど役に立ちません。例えば、20年前の顧客が購買したデータがあったとします。それを分析しても現状のトレンドやマーケットとあまりにも乖離しているため、そのまま現状のマーケティング戦略に組み込むことはできないことは明白です。

20年前から現在までのデータが蓄積されていて、過去からの購買行動の変化を見るということには使えますが、とにかく売上増が急務な場合は、そのような悠長な分析をしている場合ではありません。

データは新しい方が利用価値は高いのです。データにも賞味期限のようなものがあると思っていただいた方が良いでしょう。言い方は悪いですが、賞味期限をとっくに切れているデータはゴミ同然です。なのでゴミのようなデータを使って分析しても結果はゴミなのです。

また、比較的新しいデータであっても、虫食い（充足率の低い項目＝埋まっていない部分が多い情報）のような状態で蓄積されているデータもまったく使えません。例えば、顧客の趣味のデータが蓄積されていたとします。しかし、趣味データがある顧客と趣味がわからない顧客がありります。多くの場合、趣味のデータがある顧客は少ないでしょう。そのデータを分析して、「弊社の顧客の趣味には、このような傾向がある。」とは言えません。趣味データの充足率が高ければ、ある程度の精度は高まりますが、ほとんど趣味データがないのに、分析しても意味がありません。それに趣味の情報が得られた顧客は、何らかのバイアス（偏り）がある可能性もあります。

また、データ分析とは関係ありませんが、顧客情報に関しても古い情報のままメンテナンスされていない場合は、マーケティングにはまったく使えません。

例えば、ある傾向がある顧客を抽出してDMを送っても、データが古いままであれば、引っ越しして住所が変わって届かない可能性もあります。また、結婚や離婚により姓が変わっている方もいるかもわかりません。

BtoBのビジネスの場合、担当者にDMを送ろうとしても、すでに部署や役職が変わっている場合、または退職している場合もあります。これではせっかく、郵送費をかけて送っても無駄になるばかりか、非礼になり顧客に悪い印象を与えかねません。つまり、顧客データは常にメンテナンスをしてフレッシュな状態にする必要があります。

ある会社をコンサルティングすることになり、ひとまず、既存顧客にDMの発送をすることになりました。そして、その会社が保有する顧客データベースのデータから宛先のタックシールを作成し、封筒に貼り付け発送しました。その結果、約3割が住所不明で戻ってきたのです。この会社の場合、BtoBビジネスでした。顧客データのメンテナンスがほとんどされていなかったのです。ひとまず、営業マンに自分の担当するデータの確認とメンテナンスをするよう指導しました。このようなことは多くの会社で起こっています。つまり、会社に蓄積されている顧客情報はまったく活用されていないのです。この会社の場合は、これまでDMすら発送したことがなかったのです。つまり、顧客対応はすべて営業マン任せになっていたのです。営業マンが顧客対応することは当然のことです。しかし、すべて営業マン任せということは、会社にとってはリスクが高いと言えます。つまり、その営業マンが優秀であれば、顧客からのリピート案件などを多く引き出すことができるでしょう。しかし、営業マンが優秀でない場合は、おそらく顧客から何も注文などがない状態であれば、営業せず顧客を放置しているでしょう。

また、優秀な営業マンは常に引く手数多です。さらに、優秀な営業マンは自分の価値をわかっているので、より条件のいい会社に転職する可能性もあります。しかも、同業他社であれば、自分の顧客も持って、新しい会社に就くでしょう。そうなれば、会社にとって大損害です。

やはり、日頃から顧客データベースをしっかりと管理運用し、データベースを活用した集客、リピート促進する仕組みを社内で持つべきなのです。

継続的に売り上げを増やすならデータベースは絶対必要

これまで、データ、データと言っていましたが、データはバラバラで無秩序にあってもマーケティングには使えません。

データはある規則性に沿って蓄積され、管理運用される状態でないと継続的に売り上げを増やすという目的には使えません。規則性に沿って蓄積されている状態とは、データのデータベース化のことを指します。バラバラになっているデータの整理整頓をしてデータベースとして構築します。

この作業は絶対に必要です。何度も言っていますが、多くの会社ではデータベースを持っていません。これは、これまでコンサルティングしてきた経験上言えることなのですが、中小企業や小規模事業の場合は、ほぼ確実にマーケティングに使えるデータベースがありません。「うちは、データベースはあります。」と胸を張っていた経営者の方もいましたが、実際に見てみるとデータベースとはとても言えるようなものではありませんでした。

古いデータのままの顧客情報、虫食いのままの充足率が低い項目が多く、顧客情報も重複していました。このような状態は使えない古い顧客リストという方が良いでしょう。

まず、マーケティングのためのデータベースを構築するために、最初にしなくてはならない作業が情報の整理整頓です。

私は多くの企業のデータベースを見てきましたが、顧客別に情報が整理させていない場合がほとんどでした。つまり、顧客情報は顧客情報として、売上情報は売上情報として別に保管されている場合が多いのです。さらに、顧客情報と売上情報がリンクされていません。特に規模が小さい会社ほどその傾向にあります。

ほとんどの小規模な通販会社の場合、ネット上のサービスであるショッピングカートのASP（アプリケーションサービスプロバイダ＝インターネット上でソフトウエア環境を提供する事業者）を利用しています。

つまり、ネット上のシステムに顧客からの注文情報が蓄積されている状態です。

したがって、ネット上では、顧客と売上情報は結びついています。どの顧客がいつ何をどれくらい買ったかというのが時系列にわかります。ただし、それは顧客が会員登録をした場合のみです。

それ以外は個別の注文となり、顧客別に購買履歴は把握できません。

顧客はネットショップで注文する際に、会員登録をして注文すると、次から住所氏名などの情報を入力しなくても、簡単に購入できます。しかし、パスワードの管理などは煩わしく感じるし、その店で今後購入するかどうかもわからないので、会員登録が無駄に思えるので結局、会員登録せずに注文する場合が多いのです。

したがって、その店の商品が気に入ってリピートしようとしても、再度住所氏名などを入力する必要があります。

その結果、同じ顧客がシステム上、重複して登録されていくのです。だから誰が新規顧客で誰が優良顧客なのか区別がつかないのです。ちなみに私のコンサルティングしている通販会社では会員登録している顧客は全体の42％しかありませんでした。つまり、会員登録されていない顧客情報は58％もあるのです。しかも、会員登録していても重複して登録している場合も多かったのです。

通販はネット上から注文するケース以外にも、ハガキ、電話、FAXでの注文もあります。したがって、注文情報はあっても顧客情報とは結びついていない場合が多いのです。

通販では、まだショッピングカートの会員登録機能があるので、一定数は会員になってくれます。しかし、通販ではない来店型や訪問型のビジネスの場合、情報の管理が統一化されていない場合が多いのです。多く場合は、情報は営業マンの手帳の中であったり、営業マンが使っている個別のエクセルシートだったりします。会社内では請求書などの個別の売上情報があり、顧客基本情報と結びついてない場合が多いのです。

つまり、最低限、顧客別にその顧客の購買履歴が把握できる状態でないでないと、マーケティングでは使えないのです。

ちなみに、顧客リストと顧客データベースは違います。顧客リストとは単に顧客の氏名、住所などの一覧表です。顧客データベースとは、データ項目に規則的にデータが蓄積され、それぞれに関連性を持たせたデータの「カタマリの集合」です。

また、「データベースは持っている。」という場合は単に売上データだったりします。つまり売上伝票のデータをデータベースと勘違いしている方も多いのです。売上伝票のデータとは、ある顧客が何をいくつ買って、いくら支払ったかの情報です。つまり売上単位のデータなので、その顧客がリピーターなのか、新規顧客なのかはデータ上では区別できません。マーケティングに使うデータベースは、顧客単位、商品単位、日付単位など、いくつもの切り口でデータを串刺しにして見える状態でないといけないのです。

データベースを制するものは、ビジネスも制する

先ほどは「データを制するものが、ビジネスを制す。」と言いましたが、本来は「データベースを制するものは、ビジネスも制する。」方が正しいと思っています。

無秩序なデータがバラバラにあっても、そこからは何も見えません。これらのデータを分析するためのデータマイニングという手法があります。それは無秩序でバラバラのデータに何からの規則性を見いだすために、データの分類など、データのクリーニングを行って分析する手

法です。しかし、多くの中小企業においては、そのような分析を行うツールや専門家もいません。だからこそ、常に的確な現状の把握できるように、データを整理、整頓しておく必要があるのです。その整理整頓された状態がデータベースなのです。

つまりデータベースがあれば、あらゆる方向から顧客の状態、顧客がどのような経路で新規顧客になったのか、そして、どのような購買行動を行ったのか、などを項目別に整理されたデータを抽出して、簡単な統計を行うことで実態がわかってきます。

そして、その実態に沿って、今後どのようにしたら新規顧客を獲得する確率が高まるのか、どれぐらいの費用をどのような媒体や方法に投資すれば、効率的なのかがわかってきます。しかも、マーケットは常に流動的に変わっています。常にデータベースから新しい情報を分析することで、敏感にマーケットの流れを把握でき、素早く新たなマーケティング施策を打てることも可能になってくるでしょう。

さらに、顧客とのやり取りした情報をデータベースに蓄積することで、その顧客に合ったフォローをすることで顧客との関係性が構築できます。その結果、顧客からのリピートが増えることなるのです。顧客とのやり取りの情報とは、例えば、顧客からの問い合わせや、これまで、その顧客にどのようなフォローを行ってきたのかなどの情報です。

このように顧客ごとの購買情報、やり取りした情報などをデータベース化することで、売り上げが増え、利益も増えるのです。しかも、データベースの運用をし続けることで、未来永劫その状況が続くのです。

つまり、「データベースを制するものは、ビジネスも制する。」という言葉通りです。

個人情報を持つことは危険だという誤解

個人情報保護法は平成15年（2003年）に成立し、2年後の平成17年（2005年）に全面施行されました。個人情報保護法はこれまで曖昧であった個人情報を特定するとともに、企業が、その取り扱いをどのようにするのかを定めた法律です。

2014年のベネッセコーポレーションの個人情報3500万件に上る流出があった事件など、数々の大企業の個人情報漏洩の報道があり、多くの企業で個人情報の取り扱いに関して、相当ナーバスになっています。

私の前職の会社では、医師や医療施設のデータベースを扱っていました。それを各製薬企業が共同利用していました。私が担当していたある製薬企業では、ＭＲ（製薬企業の営業）がその顧客リストを印刷したペーパーを営業先に持ち歩いていることもあったそうです。仮にも、昼食時のファミレスなどに置き忘れることなどがあってはいけない。という危惧があり、個人情報が特定できる印刷物は一切、社外に持って出ないように規則化していました。

さらに、仕事上、営業にパソコンを持って出る必要があります。しかし、個人のパソコンにはデータが蓄積できないように、ハードディスクに制限をかけている会社もありました。

また、現在では珍しくありませんが、当時としては珍しい、ワンタイムパスワードで毎回、アクセスする度にパスワードが変わる仕組みなども導入される会社もありました。

それぐらい個人情報の取り扱いには注意していたのです。

大企業だけではなく、中小企業においても個人情報を持つこと自体に「危険だ。」という考え方をしている経営者もいました。しかし適切に情報を管理して、運用するルールを明確にしておけば、恐れることはないでしょう。また、不必要な顧客情報は持たないという考えでは、データ分析もできないし、そこから導き出されるマーケティング戦略も立案できません。肝心なことは、どのようにデータを管理するのか、どのように運用するのか、誰がどのデータにアクセスできるのかなどを明確にしておき、管理責任者を決めて、状況を把握できるようにすることです。

通販会社では、顧客から「DMは、もう送ってこないで。私の個人情報も削除してください。」といった連絡をいただくことがあります。このような場合は、DM拒否、個人情報削除希望、というデータは残しますが、この顧客のデータそのものは削除しません。なぜなら、もしかすると、その顧客がその後、また顧客になるかもわからないからです。

その顧客が後々、商品を購入して顧客になった場合、以前の情報を削除してしまっていたら、以前の情報が一切ない新規顧客として、登録されてしまいます。

以前の情報では、その顧客には気をつけなければいけない対応などがあった場合、その情報がなくなっていたら、他の新規顧客と同じ対応をしてしまい、トラブルになる可能性もあるのです。顧客は過去のことは忘れていることが多いので、実際にトラブルになることがあります。そういう理由で、データは完全削除しないようにします。

このように、個人情報は持っておかないと、逆にデメリットになる場合もあります。

会社全体で情報が資産であるという認識を持つ

情報は活用の仕方でお金に変わるというお話をしましたが、経営者の方だけが、それを理解していてもダメです。会社全体で情報がお金に変わる、つまり情報こそが資産であるという認識が会社の社員、スタッフ全員が絶対に共有すべき認識です。

なぜなら、これから顧客情報などの各種データを管理、蓄積していく、それを運用する仕組みを作っていこうとしても、会社全体で情報の重要性を理解していないと、仕組み自体が、うまく機能しなくなるからです。

私はコンサルティングを開始する際には、社員の方を集めていただき、データの重要性とどのようにデータを活用して、どのように売り上げを上げていくのかの説明を必ず行います。

例えば、あるスタッフが「こんな情報なんてそんなに価値あるのかな?面倒だから適当にやっておこう…」と思いながら、情報の蓄積をしていると、きちっとした情報が残らず、本当かどうかわからない、信憑性のない情報が蓄積されてしまうことがあります。

そうなると、当然いくら分析しても、間違った結果して出てこないのです。その結果を基準にマーケティングの施策を立てると、大失敗するでしょう。

営業マンがいる会社の場合、顧客とのインターフェイスは営業マンです。その営業マンが顧客とのやり取りなどで、顧客情報を得ることになります。そしてその情報は営業日報やサイボウズなどのグループウエア（企業内の情報を共有するソフトウエア）などに営業活動や、顧客情報などを入力することになります。

しかしながら、営業マンは営業日報を入力することが面倒なので、適当な情報を入力することがあります。また、営業成果があまりにも少ない場合、例えばサボってしまった場合などは、あたかも忙しく営業しているかのような嘘の情報を入力する場合もあるでしょう。

これはある程度、管理者側も分かっていて、あまりきっちりとした情報は上がってこないことが常習化している場合が多いので、日報の情報をあまり鵜呑みにしていません。

管理者は営業マンが入力した営業報告を見て、顧客別の対応やアドバイスをすることが、本来の日報の役割です。しかし、このように営業マンも管理者も日報の情報を適切に扱っていないので、本来の日報の役割を果たしていない会社は多いです。

このようなことがあると、その情報を活用すること自体が危険です。したがって、社員、スタッフ全員に情報が資産であることを十分に理解してもらう努力は絶対に必要なのです。

ちなみに、大企業では営業日報を、SFA（セールス・フォース・オートメーション＝営業活動支援システム）に日々の営業成果などを入力しています。その情報はCRMと共有され、顧客ごとの営業進捗状況などを管理するような仕組みになっています。

しかし、私がサラリーマン時代に聞いた話ですが、SFAを導入したある製薬企業のMRがSFAに入力する日々の営業報告がかなりの時間を要するので、営業活動に充てる時間が減ってしまったそうです。だから、一旦、SFAを廃止したということも聞きました。結果、数億円の損失があったそうです。その後、新しい最適化されたシステムを導入しました。このように、大企業であっても、営業日報は営業マンの負担になります。

そのため、適当な情報を入力するなど、詳細な営業活動は入力せず、大雑把な報告しかしない人もいるのです。

顧客の情報は、お金に変わる重要な資産であることを、社内全員が必ず認識する必要があります。

▼優秀な営業マンは必ずデータを重要視する

営業マンの優劣の差はどこにあるのでしょうか？一般的に営業マンには2：6：2の法則があると言われています。優秀な営業マンが全体の2割で、普通が6割、ダメ営業マンが2割という割合になっているとのことです。

優秀な営業マンは必ず、自分独自の情報網があって、常に情報を蓄積、アップデートしています。優秀な営業マンの中には、それを自分だけの重要な情報なので、先ほどお話しした営業日報には肝心な部分は報告しない場合もあります。

私もサラリーマン時代に次のようなことを実践していました。

A社のプロダクトマネージャーから教えてもらった話、またB社のマーケティング担当から聞いた話など、様々な情報を得て、業界はどのような動きをしているのか、また会社毎の考え方の違いや、どのような部分に焦点を当てているのか、などを情報から分析します。そして、情報を頂いた方の迷惑にならないように気をつけながら、C社に行って「今、業界や一部の会社ではこのような動きになっています。」という話をすると、意外にも業界内での横の繋がりは希薄なので「情報通でよく知っている。」と信頼され、また新たな情報が得られるのです。そして、その信頼を得て、業務獲得につなげていました。

私は自分が優秀だと自慢している訳ではありません。私はそもそも人見知りするタイプなので、相手の懐に入って…などできません。しかし、情報の重要性が身にしみて分かっていましたので、顧客と面談する場合は、「このような情報を知っています。」や「このような情報を教えていただけませんか？」と真摯な気持ちで常に向き合っていました。ただただ、それを続けていただけなのです。

通常、営業マンは顧客先に訪問するための要件がないと、既存顧客へは訪問しません。要件もないのに訪問すると、「用もないのに、何をしに来たの？こっちも忙しいのに…」と顧客に思われるだけです。しかし、私は無理矢理に訪問する口実を作り、必ず定期的に顧客訪問をしていました。

私も最初の頃はこのような、定期訪問に「このくらいの要件なら、わざわざ来なくてもメールでいいです。」と顧客に言われました。「そうですね。でも、どうしても直接、お会いしてお伝えしたかったのです。」と返答していました。しかし、それを、何度も続けていると、徐々に顧客との距離感が縮まってきました。そして、ある程度の関係性が築けたら、ようやく普段教えてくれないような情報も教えてくれるようになるのです。後の章で詳しく解説しますが、このような現象になったのは、ザイアンスの法則（単純接触効果とも言います）によるものだと、後で知りました。

少し話が脱線しました。コンサルティングしていた会社のある営業マンで、すごく優秀な方がいました。その営業マンとミーティングしたのですが、やはり、顧客の情報をよく知っていて、さらに情報の引き出しが多く、その方の優秀さが伝わってきました。

逆に失礼ながら、あまり優秀でない営業マンともミーティングしましたが、顧客のことを聞いても、ほとんど情報を持っていないばかりか、言い訳ばかりでした。

やはり情報の重要性を知って、貪欲に情報を蓄積することはビジネスでは必須であると言えるでしょう。

過去の情報はマーケティング戦略のエビデンスである

エビデンスという言葉を最近よく耳にするようになりました。前述しましたがエビデンスとは証拠、根拠などの意味です。

これから起こる未来のこと100%は誰にもわかりません。しかし、過去のできごとはわかります。その過去は情報として残っている、つまりコンピュータ上のデータとして蓄積されていれば、そのデータを分析することで、未来に起こることが予測できるでしょう。もちろん予測なので、必ず当たるとは言えませんが、ある程度、当たる確率が高くなります。

その確率を高くする役割が統計分析です。蓄積された過去の情報は、これから起こることの根拠、つまりエビデンスです。

これらの予測に基づき、マーケティング戦略を立てます。中小企業の経営者の方は、「あの方法でたくさんお客様が集まった。」「あの広告で多くの注文があった。」などの過去の経験に基づき、これからも集客しようとしています。これもエビデンスに基づいたマーケティング戦略と言えるでしょうか?

確かに過去の情報から今後の予測を立てています。しかし、これは経営者の頭の中の断片的な記憶の情報だけに頼っているだけなのです。特に印象的な記憶に頼っているのです。また、それは数字に基づくデータではないので、思い込みかもわかりません。また、曖昧な情報かもわかりません。

「いやいや商売なので、思い込みなんかでやらないよ。その時の売上金額などもバッチリ頭に入っている。」と反論されるかもわかりません。しかし、多く情報、つまりコンピュータ上のデジタルデータから、統計学的な解析を通じて得た結果は、客観的な論理に基づく数字であるのです。したがって、それから導き出したマーケティング戦略で立てた目標をどれくらいの確率で達成できるのかを把握できます。

しかし、未来には不確定要素も多くあります。だから、いくら大量のデータから導き出した結果であっても、当然、その通りにならない場合もあります。このようにエビデンスから導き出した結果、立てられたマーケティング戦略も決して万能ではありませんが、少なくとも個人の記憶に頼るよりは、はるかに有効性が高いと言えます。

第4章

基礎的な統計学を使って集客する

「80対20の法則」はビジネスで活用できるか？

パレートの法則とは、イタリアの経済学者ヴィルフレド・パレートが発見した法則です。経済においての全体の数値の大部分は、全体を構成する一部の要素が生み出しているという理論です。

パレートの法則は別名「80対20の法則」と呼ばれ、様々な生活のシーンにも適応しています。例えば、町内会の寄付金の80％は20％の町民が寄付しているなどです。この80対20の法則は、どのようなビジネスの場面で当てはまっているのでしょうか？

・利益の80％は、20％のロイヤルカスタマー（優良顧客）から生み出されている。

これは一般的によく言われる説ですが、本当にその通りなのでしょうか？

実際に私の携わる会社の場合は、２０１7年9月の時点で、ロイヤルカスタマーは39％でした。これについては、ロイヤルカスタマーの定義をどうするのかで変わってきます。一概にこの数値が20％ではないので、80対20の法則は当てはまらないとは言えません。

つまり、肝心なことは少数が全体に対する影響が大きい影響を及ぼしているということです。また、私はこの会社にロイヤルカスタマーを増やす施策を約6年間にわたって行ってきました。事実、２０１１年の段階ではロイヤルカスタマーが７％だったのですが、６年後には39％までに増えたのです。

ある会社は、「当社は80対20の法則に当てはまらないと思う。」とのことでした。しかし、データ分析をすると、80対20といった割合にはなりませんでしたが、少数のロイヤルカスタマーが利益の半分以上を担っていることがわかりました。つまり、どの業種であっても80対20の法則は少なからず当てはまっているのです。

少数のロイヤルカスタマーが大部分の利益を生み出しているであれば、ロイヤルカスタマーがほんの少しだけ増えただけでも、売り上げは大きく増えます。それだけビジネスにおいてはロイヤルカスタマーを増やすことは最重要なのです。

もう一つの関連した例としては、高額商品を案内すると購入されるのは、ほとんどの場合、ロイヤルカスタマーです。私がコンサルティングしていたある会社では、通常販売しているのは1万円前後の商品が多いのですが、キャンペーンとして30万円以上の高額商品を全ての顧客に案内すると、買われるのはロイヤルカスタマーの方だけでした。

ビジネスにおいては80対20の報告においては、20％の顧客を特に大切にしましょうということになります。

私は、「顧客を区別し、その区別した顧客に応じた内容の対応をすることで、顧客からの信頼やロイヤルティを得られる。結果的にリピートに結びつく。」といった内容のセミナーを過去に何度か開催しています。セミナー冒頭では参加者の方から、現状の問題点などを語ってもらっています。

そこで、次のようなご意見がありました。

「お客様を区別するなんて…お客様に対して失礼ではないでしょうか。お客様には平等に対応すべきであると思います。お客様を区別することで、かえってお客様に不信感や嫌悪感を与えることになるのではないでしょうか。その結果、顧客離れが起こる可能性が高いと思います。」

私にとってこのようなご意見は想定内です。「お客様には平等に接しないといけない。不平等ではあってはならない。」このような思い込みはあって当たり前だからです。

例えば、あるお客様が、他のお客様と店員が会話しているのを見て「私の時と、対応が全然違う。私の時はもっとぶっきらぼうだった…気分が悪いからこの店で買うのをやめるわ。」

このようなシーンが思い浮かぶのではないでしょうか。

だから、お客様の対応には不公平があってはいけない。と思い込んでいるのです。

もちろん、このような露骨な対応は避けるべきでしょう。しかし、根本的に顧客を区別するということは、このような場面ではないことを最初に言っておきます。

このように「お客様を不公平に扱ってはいけない。」というのは、想定内のご意見なのですが、この時はさすがに驚きました。それは、先ほどご意見をされた方は、誰もが知っている有名企業のそれなりのポストに就いている方だったからです。

有名企業の方でも、このような認識をされているのかと思うと、想像以上に経営に苦労されている企業が多いのが実情であろうと感じました。

例えば、顧客を区別することが、顧客にとっては不公平感が生まれるとした場合、かえってリピートや売り上げが減少するという仮説が成り立ちます。では、航空会社はどうして、常連客を先に搭乗させ、優良顧客限定のラウンジでサービスするなど区別しているのでしょうか？

手間と費用がかかり、不公平に映るかもわからない。それにもかかわらず何十年間も区別を続けています。それは、その方が売り上げは増えるからです。

私がよく利用しているJAL（日本航空）では、その顧客がそれまでに搭乗した回数や、利用ポイントなどで、4種類のランクに分けて、それぞれでサービスを区別しています。顧客の中には、上位のランクに上がりたいがために、用もなく飛行機に乗る人もいるくらいです。それだけ、顧客にとってあからさまなランク分けは、良い意味で支持されています。また、当然ながらANA（全日空）も同じような制度があります。

この例でもわかるように、顧客を区別することは、企業にとっても顧客にとってもWINWINであると言えるのです。

平均値には騙されるな！

多くの企業は平均値からマーケティング施策を検討しようとします。例えば、健康食品、化粧品などの継続定期購入を前提とした通販商品は、何ヶ月（何回）継続するかが利益増大の最大のポイントとなります。

そこで、平均何回という平均値によってマーケティング施策をしてしまうと、明らかにピント外れとなり、施策自体に意味がありません。例えば、平均値が7回だった場合、7回でやめてしまう顧客を8回、9回と回数を延ばそうとする施策をしても、実際に7回の顧客の割合が少ない場合が多いのです。なぜなら、少ない人数であっても30回、40回以上継続する顧客もいるからです。

統計上は「外れ値」と呼ばれ他の値と大きく外れた値を示します。この外れ値が平均値に影響を与え実態とは違う数値になってしまいます。

私の経験では平均値が7回であっても、もっと早い2回や3回で辞めてしまう顧客の割合の方が多くありました。この場合は最頻値を見てマーケティング施策を検討するのが正しいのです。（平均値を把握することは否定していません。）

また、顧客ごとの購買金額の平均値を算出し、3万円だったとします。しかし、この数値もあまり意味がありません。なぜなら、全体的に見れば数少ない優良顧客が全体の購買金額を押し上げているからです。この場合も、最も多い購買金額のゾーン（かたまり）を見て、その顧客はどのような購買行動をしているのかを確認した上で、マーケティング施策を検討すべきです。

ビジネスシーンでは、平均値で判断する場面が多く見られます。しかし、平均値は統計上の数値の一つに過ぎません。感覚的にわかりやすいので、つい、多くの場合に使っていますが、平均値を使った方が良いケースとそうでないケースがあります。

今回の顧客のリピート回数を増やすという目的で、現状のリピート回数の傾向を把握したい場合は、平均値では誤ったマーケティング施策を立ててしまうことになります。

平均値でマーケティングした失敗事例は後ほど紹介します。

平均値でマーケティングを計画すると失敗する

先ほども話した通り、多く会社では、80対20の法則が当てはまり、少数のロイヤルカスタマーが大部分の売り上げを支えているケースがほとんどです。

繰り返しになりますが、いくつもの点在する多くデータがある場合、多くのケースで、他の値から大きく外れた値があります。例えば、リピート回数が1回のデータもあれば、50回以上のリピートしたデータもあるなどです。

ある会社の例では、30回以上のリピーターであるロイヤルカスタマーが統計上は外れ値となってしまっており、平均はその外れ値の影響を受けているため、実態とはかけ離れた数値になっています。

前述しましたが、このような場合、平均値を元にマーケティング施策をしてしまうと失敗します。

マーケティングのデータは、中学生の身長のデータのように正規分布するようなデータではなく、外れ値が多く、かなりバラついたデータになるからです。数百万人の顧客を抱えている場合なら正規分布に近づくかもわかりませんが、特に顧客数が少ない場合は、その傾向が顕著です。

その理由は、そもそも顧客は一定ではないからです。年齢、性別、住所、職業、収入、家族構成、その他、様々な環境の違いにより、ニーズやウォンツも違ってくるからです。例えば、若者と高齢者では求めているものが違っているでしょう。また、収入が多い少ないにより、購入する商品の違いもあるでしょう。

平均値は対象データの平均の値、中央値は小さい値の順番に並べて真ん中の値です。この2つについては、マーケティングの指標の参考値として把握することは必要ですが、それだけで施策を計画することは危険です。

最頻値（最も頻繁に出現する値、つまり一番多い値）を把握してどこに顧客のボリュームゾーンがあるかを見て施策を計画するのが良いでしょう。さらに、同じような顧客をグループ分けする「クラスター分析」で顧客をグループ化し、そのグループごとにどのようなマーケティング施策をすべきなのかを検討することが、マーケティングにおいては最も有効です。

（クラスター分析を使ったマーケティングの構築方法は後ほど詳しく解説します）

平均値で失敗した実例

ある通販会社では、定期購入商品の販売をしていました。

こちらの会社の悩みは、定期の継続率が低いということでした。定期購入商品とは、新聞やネットでよく販売されている健康食品や化粧品で、単品として購入するより、毎月の定期購入にした方が、1個あたりの価格が10%安くなるなど、「続けていただく方がお得です。」という商品です。このように継続することが前提になって購入いただきますが、途中解約ということも当然ながら発生します。

通常の単品で購入するより、安く提供するので、早期に解約されると、利益は減ります。また、1回だけ定期購入されて、次月から解約となると、そもそも単品商品を安く販売していることになるので、単品商品との差別化ができなくなります。

このような事態を避けるため、多くの通販会社は、3ヶ月を継続することを条件で販売する「定期縛り」という販売方法をとっています。しかし、この条件販売については、定期縛りを知らずに購入してしまった顧客とのトラブルが多発し、平成28年改正特定商取引法にて、定期購入の支払総額や契約期間などの販売条件を明記することが義務化されました。

ちなみに私はこの定期縛りに関しては、否定的です。できれば、採用しない方が良いというスタンスです。なぜなら、顧客と信頼関係を築いて、そしてその結果、リピートを増やし顧客生涯価値（ライフタイムバリュー）を高めることが目的であるからです。なのに、新規顧客の段階で顧客とトラブルを起こして不信感を与えてしまっては、信頼関係を築くどころではなくなります。（定期縛りの失敗事例は後ほど紹介します。）

私に相談いただいた会社は、賢明にも、定期縛りをしていませんでした。しかし、それにより1回だけ購入や2回購入して解約する顧客がいました。一方、こちらの商品が高品質であり、さらに、顧客対応の姿勢などが評価され、長く継続する顧客も多くいました。

このような状況でしたが、社長はできるだけ多くの顧客の長く継続して欲しい、1回や2回で解約して欲しくない、どうすればいいのかというご相談でした。

そして、社長は「うちの会社の場合、継続回数の平均は5回でした。」と言われました。

継続回数5回というのは、5回目まで継続いただいたが、6回目をお届けする前に解約された顧客です。「平均5回なので、5回目のお届けの後に、電話でフォローを入れました。『次回のお届けはいついつです。必ずお受け取りお願いします。』とお客様がお辞めにならないように事前に電話で受け取りをお願いしたのです。」この電話でのフォローの内容もあまり良くないですが、もっと良くないのは、平均値を5回として、多くの顧客は5回目を受け取ってから解約するという設定で施策したことです。

実はこの会社の場合、1回目を受け取ってから、解約する顧客が65%もいたのです。平均値の5回は、一部のロイヤルカスターによって引き上げられた数値だったのです。こちらの会社にはデータをもう一度、分析して最頻値を元にマーケティング施策をするようアドバイスしました。

この場合は、中央値を使うのが正解

ある通販会社でどの年齢層をターゲットとするかという議論がありました。アンチエイジング商品を中心に扱っていましたので、自ずと、年齢層が高めの女性であろうという、幅広く曖昧なターゲティングをしていました。しかし、もっと絞り込んだ年齢層にした方が、広告の内容もよりターゲット顧客に響くものにすることが可能になり、結果的に反応率も高まります。

さらに、私の提案としては、年齢層という区切りを考えずに、ターゲットする顧客のズバリの年齢、家族構成、収入、就いている仕事などを想定して、広告を作り込む方が良いと考えます。なぜなら、それによりターゲットに響く内容になるために、より集客できる可能性が高まるからです。

こちらの社長より、どの年齢に絞ったターゲティングをするのかを相談いただきましたので、ひとまず、既存顧客の年齢データを分析することにしました。

まず、データを見ると20歳代後半から90歳代まで、実に様々なデータに散らばっていました。

これから平均値を算出しても、あまり意味がないでしょう。なぜなら、商品特性から考えても、20歳代の顧客は妥当ではありません。また、90歳代の顧客に関しても、ほぼ意味のないデータと思われます。20歳代の顧客は、自分が使うのではなく、お母さんへのプレゼントという可能性も考えられます。また、90歳代の顧客に関しては、何か勘違いされて購入してしまったという可能性も考えられます。例えば実際に注文され、商品を届けると「注文した覚えがない。」と返品されるケースも結構あります。いずれにしても、これらのデータは外れ値と考える方が妥当です。

さらに、データ分析により、新聞に折り込みされたチラシやフリーペーパーで注文する顧客は、60歳代以上の顧客が多く、先の90歳代の顧客も、これらの紙媒体で集客した顧客です。それに反して、インターネットから注文された顧客は40歳代を中心とした顧客が多いことがわかりました。

つまり、インターネットの広告と、紙媒体の広告は分けてターゲッティングをしないといけないのです。

そして、この場合、どの年齢の顧客をターゲットとすべきかを検討するためには、中央値を用いるのが妥当だと考えました。

中央値、つまり年齢の個別データを若い順から並べて、真ん中に位置する顧客の年齢をターゲッティングとし、その顧客に訴えかける広告を作成すべきなのです。

こちらの会社の場合の中央値は、インターネットは46歳、リアルな紙媒体は68歳でした。このように広告媒体によって、20歳以上のターゲット層の開きがありました。

これを、これまでのように、同じ年齢層をターゲットとして、どちらも同じコンセプトの広告を作成してしまったら、間違いなく的外れになっていたはずです。つまり、集客が思うように行かず、広告費と時間が無駄になっていたのです。

この注文は「たまたま」の偶然か？

新しい商品を販売する際には、必ず広告のテストを行います。価格は適正か？　広告のキャッチコピーは何がいいのか？　広告にはどの写真を使えばインパクトがあるのか？　など、様々なテストをした上で商品の広告戦略を決定していきます。

現在ではネットでの広告が早く結果がわかり、手っ取り早くテストできることからネットでの販売テストを行うことが多くなっています。

ある会社で、新しいシャンプーを開発し、キャッチコピーだけが違う2種類のランディングページ（一つの商品を販売するためだけの1ページだけで構成されたＷＥＢサイト）を作成しました。一方は「髪の分け目が気になる」もう一方は「頭頂部が気になる」です。結果は「髪の分け目が気なる」の方がコンバージョン率（ＷＥＢサイトで獲得した率）は高かったのです。

しかし、ここで気をつけなければいけないことがあります。そのテストの結果は「たまたま偶然に『髪の分け目が気なる』を見た人が買っただけではないだろうか？」という着眼点です。

テストは短い期間や少ない対象人数で行うので、それが本当に数万人、数十万人を対象にした時も同じ結果が出るかどうかはわかりません。テスト結果が偶然なのか、そうでないかを客観的に裏付けするのが統計学です。統計学では有意差検定という手法で、広告の結果の数値が偶然かどうかの判断を行います。

有意差とは「意味のある差かどうか？」という意味です。つまり、テスト結果でAはBより多くの注文があったとします。「その注文の差には意味があるのかどうか？」、偶然かどうかを統計学的に判断するのが有意差検定です。

（有意差検定については、後の章で事例を挙げ、詳しく解説しています。）

もし、偶然であれば、そのテスト結果は信頼に値しないことになります。テスト結果が良かったからといって広告戦略を組み立てると、大きな損失になる可能性が高いのです。

顧客の趣味嗜好などがわかれば、売れるヒントがわかる…の無駄

顧客データベースに顧客の趣味嗜好、誕生日、年収、家族構成、職業、卒業校などのデータがあれば、そのデータを分析したり対象者を抽出したりすることで、商品が売りやすくなります。

例えば、高額な商品を販売する際は、年収高い顧客からアプローチをすれば効率的な販売ができます。また、旅行が趣味という方には、旅行に必要となる商品を勧めると売り上げに繋がるでしょう。このように、同じような顧客をグループ化して、そのグループの特性に合わせた、商品のアナウンスをすることで、より共感を得られるようになり、結果的に商品が売れます。このような顧客のグループ化を統計学ではクラスター分析と読んでいます。

しかし、顧客の趣味嗜好、年収などプライバシーに近い情報を得ることが極めて困難です。他人においそれと自分の年収をいう人は、ほとんどいないしょう。あまり付き合いのない他人に自分のことを根掘り葉掘り聞かれると、かえって不信感を抱かせます。このように、よほどの深い個人的な付き合いがない限り、プライバシーに近い情報を得られることはまずありません。

したがって、確実に得られる情報を元にクラスター分析をする方が効率的かつ現実的です。確実に得られる情報としては、住所、氏名、Eメールアドレス、電話番号などの連絡先の情報と、いつ、何をいつ買ったのかという購買履歴情報です。それとできれば顧客からの問い合わせがあった情報や、こちらからどのような情報を提供したのかなどのコミュニケーション情報があればなおいいでしょう。

最も重要な情報は、購買履歴情報です。いつ顧客は最初に何を買って、次にいつ何を買ったのか?という情報です。この情報がデータベース化されていれば、顧客別のリピート回数、購買合計額、顧客期間（最後に買った日と、最初に買った日を引いた日数を顧客期間と呼んでいます。）その情報で、顧客をクラスター分析し、そのグループの特性に応じたアプローチをすれば売上増大につながります。

値引きをすれば集客できる。のウソ

一般的には、商品を値引きすれば集客しやすくなり、顧客数が増えると言えます。同じ商品であれば安い方を買いたいと思うのは人間の心理です。

しかし、本当に値引きをすれば集客に有利なのでしょうか？もちろん、値引きをすることは、客単価が下がることを意味しますので、当然、利益が減ります。それも考慮に入れる必要があります。


私は、1500円程度の少量のサンプル品を購入した顧客に対して、その商品の1万円の本商品が1000円引きで買えるクーポンをつけたDMを送付していました。そのDMを見た顧客は、ある割合でクーポンを使用して9000円で本商品を購入しました。

そのデータは2011年から蓄積していました。そして、2014年11月より、さらに値引き金額1000円増やして2000円のクーポンをつけたDMを送りました。

当然ながら、2000円クーポンの方が集客効果は高いだろうと考えたのです。

その結果、現在までのデータを分析すると、1000円引きで購入した顧客は31.8％、2000円引きの場合は、32.2％とわずかに増えたとはいえ、ほぼ同じです。

つまりここから得られたことは、値引き金額を増やしても結果は大きく変わらないということでした。また、2000円引きと1000円引きの差がほとんどないなら、1000円多く収入が得られる、1000円引きで行う方が、売り上げ的にもベターです。
もちろん、2000円引きではなく、半額にすれば結果は変わっていたかもしれません。また、単に値引きするだけでなく、何かのプレゼントをつければ結果は変わる可能性があります。

私がここで言いたいのは、「安易な値引きは控えるべき」ということです。

値引きをすれば顧客が増えるという安易な考えは、競合会社との値引き合戦になってしまい、消耗戦になります。その前に、値引き戦略が本当に有効かどうかを、テストしてそのテスト結果によってどのような舵を切るのかを判断すべきです。

もう一つ、値引きすることのデメリットがあります。それは、商品価値を下げてしまうことです。例えば、通常1万円で販売している商品を最初だけ半額の5千円に値引きしたとします。その時だけは半額なので、顧客も喜んで買ってくれるでしょう。

しかし、一方では「この商品は5千円で販売できるのに、通常は1万円もするのはどうしてだろう。赤字覚悟で売ったとしても、売れば売るほど赤字が膨らむ。特別な事情がなく、そんなことを企業がするだろうか？実際は5千円で売ったとしても十分な利益が得られる商品ではないだろうか？つまり、1万円という価格はぼったくり価格ではないだろうか？」と疑う顧客もいるでしょう。

また、一旦半額で販売した商品を1万円に戻すと、販売するのは極めて難しくなります。つまり、一旦、価格を下げてしまうと上げるのは難しいのです。1万円のまま販売していれば、顧客は何の疑問も持たないでしょう。しかし、一旦、半額になった商品が、次買うときに1万円になっていたら、顧客にとっては、ものすごい値上げ感があり、手を出し難くなります。

ある会社では定期購入商品を3回縛りで販売していました。そして、1回目を半額に、2回目以降は通常価格に戻すという方法を採っていました。「こちらの定期商品は、3回続けてくれるという条件で、1回目のみ半額にします。」という条件でした。

この方法はある程度はうまくいきました。しかし、ロイヤルカスタマーを増やすという意味においては、逆効果でした。つまり、3回目で多くの顧客が辞めるだけでなく、1回目だけや、2回目で辞める顧客も相当数いたからです。

例えば、顧客から「今回で定期は辞めます。」と連絡があった場合、「3回購入がお約束なので解約できません。」と返答すると、「そんなの聞いていない。」とトラブルになることが多く、結局は解約せざるを得ないという結果になってしまうのです。

問題なのは、顧客との良好な関係性を構築し、その結果としてリピートを増やし、最終的にロイヤルカスタマーになっていただくのが目標なのに、最初の部分で顧客からの信頼性を無くす結果になってしまうのです。

最初に、3回続けていただくことが条件ということを、予め顧客に知らせ、納得済みです。なので、販売者側には非がありません。顧客側の勝手な言い分です。しかし、それを無理やり説得してみても、当然ながら顧客は不快に思うでしょう。結局、顧客の中には嫌な気持ちが残ってしまい、顧客との友好な関係性を築いて、ロイヤルティを高めるといった方向とは逆になってしまいます。つまり、ロイヤルカスタマーを生み出すことを阻害していることになります。

どの時点にプレゼントすると顧客の期待感が上がるのか

例えば、最頻値が3回であれば、3回目から4回目の間に何らかのフォローが必要になります。私がコンサルティングしている会社にアドバイスしているのは2回目で「次回は秘密のプレゼントを差し上げます。お楽しみに。」とアナウンスすることです。（すでにプレゼントするものが決まっていて、かつ、インパクトがあるものであれば、「秘密」とはせずにそのプレゼント内容を知らせることもあります。）

この2回目のタイミングでのプレゼントは、少しでも顧客に「おっ！」と思わせるようなプレゼントが好ましいでしょう。安価であっても、ひねりが利いていて、「面白い」、「可愛い」などと思っていただけるような印象的なプレゼントが効果的です。

印象的なプレゼントによって、3回目へのリピートに繋げます。さらに、3回目には「4回目には、さらに素敵な秘密なプレゼントの予定です」とアナウンスするのです。2回目のプレゼントが印象に残っていることで、顧客は「次は、どんなプレゼントなんだろう？」とさらなる期待感を抱くようになります。

このように、次への期待を作っておいて、離脱することを最小限にするような努力を行うことが大切です。

もちろん、すべてのお客様がそのプレゼントを期待して4回目まで進むとは限りません。実際には3回目で離脱するお客様を少しだけ防ぐという効果かもしれません。しかし、何もしないよりは確実に4回目に進む確率が高くなるのです。

このようなアドバイスをしていると、ある社長からは「そんなプレゼントをすることは、手間もかかるし、費用もかかるので無駄ではないか？」という意見もありました。

そういう懸念あるのなら、まず、プレゼントをしてみて、プレゼントをしていなかった時のデータと比較してみれば、どれくらい効果があったのか、もしくは、なかったのかを把握できます。

また、効果がなかったのは、お届け方法など、運用に問題がなかったのか、または、プレゼント品のチョイスが間違っていなかったのかも検証する必要があるでしょう。

私の考えでは、何もしないより、何かした方がプラスになることはあっても、マイナスになることは無いと断言できます。

ちなみに、私がコンサルティングしていたある通販会社ではプレゼントをする前と後では、

40％以上も継続率が高まったこともあります。

また、顧客はプレゼントへの期待感から2回、3回、4回と続けて購入し続けたとします。継続回数が多ければ、多いほど、顧客はこの商品を買うこと、使い続けることへの習慣化が生まれます。つまり、辞めるタイミングを見失うのです。また、その商品を使い続けることで、商品への愛着も増すでしょう。私がコンサルティングしていたある通販会社は7回目までプレゼントをし続けました。こうすることにより、より習慣化が進みロイヤルカスタマー化が進むのです。

私にも経験があります。コンサルタントとして独立する前に、あるWEBコンサルタントのコンサルティングを受けていました。それは、自分がコンサルティングする際に、どの程度のクオリティが必要か、どのような運用をするのかを調べる目的のために、コンサルティングを受けたのです。毎月のコンサル費用が安価だったので継続することへのハードルは高くなかったのです。だから、だいたい内容がわかるぐらいの、半年間で辞めようと考えていました。ところが半年経って、「今辞めると、何か損なような気がする。もう少し情報が欲しい。少しだけ続けてみよう。」と思って、結局1年間継続したのです。私の場合は、プレゼントで継続期間の延ばした例ではないですが、見事に習慣化した事例であると思います。

集客を成功させるために……絶対にしないといけないこと

顧客からの信頼性を高めるため、そして顧客との関係性を向上させるために絶対に不可欠なのは、顧客フォローです。

顧客フォローとは具体的にどのようなものを指すのでしょうか？もちろん、顧客に対しての売り込みではありません。私が考える顧客フォローとは、顧客との相互の情報提供です。この「相互」というのがミソです。

通常の場合、販売者から顧客に向けてＤＭ、メールや電話で何らかのメッセージを発信する一方的なものですが、私が考える顧客フォローとは、販売者からではなく、顧客からも情報提供を受けることが重要な要素と考えています。

相互の顧客フォローとは次のような順番で行われるのが理想的です。

通常の人間関係や恋愛についても同じことが言えるのですが、最初はこちらからの情報を相手に伝えます。どのような職業に就いているか、趣味な何か、どこに住んでいるかなどです。

それから、「あなたは？」と相手の情報を聞くのが普通の流れです。

そのような情報のやり取りの中で、お互いに相手のことを知ることで、信頼性や親しみが生まれるのです。ビジネスでも同じです、販売者と顧客がお互いのことを知ることにより、信頼性や親しみが生まれるのです。

このように考えると顧客フォローの最初の段階は、販売者側の情報を顧客に伝えるという作業が必要になります。

「会社の成り立ち」「商品やサービスのこだわり」「商品やサービスが生まれたきっかけ」などです。さらに、小規模の会社では、人対人の関係性の向上も必要になります。その場合は、個人（社長や担当者）の趣味などの情報を伝えることも重要です。

なぜなら、個人の情報を伝えることで、親近感が湧くからです。

第5章

見込み客を集めるための統計手法

見込み客とは？　知っているつもりで知らない現実

マスマーケティング時代では、面識の無い一般大衆にいきなり売ろうとする手法が主流でした。なぜなら、その手法で充分、集客することができたからです。いきなり売る方が、効率が良い売り方だったのです。

しかし、現状ではその手法では売ることが難しくなってきました。私は、社会人になりたての30年ほど前、広告の飛び込み営業をしていました。和歌山県田辺市の旅館に泊まり込みをして、朝から夕方まで、商店や会社に飛び込んで「広告を出してください。」とお願いしていました。もちろん、ほとんど断られます。しかしそれでもその頃は、１００件に1件ぐらいは契約をとれました。その頃はまだまだ、おっとりした時代の空気もあったので、「まあ、若いお兄ちゃんが頑張っているんだから、お付き合い程度で…」といった感じで契約してくれた方が結構いました。また、ＮＴＴの電話帳広告ということで、企業ブランドもあり、知らない会社より、有利だったということもあったでしょう。しかし、今、同じことをすると、もっと厳しい状況でしょう。

このような状況でも、いまだにいきなり売ろうとしている会社があります。休日に訪問販売するという会社は減りましたが、電話セールスは今でもかなり行われています。通常、私の自宅の固定電話にはほとんど電話が鳴ることはありません。親類や知人からかかってくる場合は携帯にかかってくるからです。なので、固定電話にかかってくるのはセールスばかりです。しかし、最近は電話セールスをしても成約率の低さから、人が電話をするのではなく、自動音声による電話（ロボコール）が多くなってきました。費用対効果がかなり下がってきているので、人を使っていては人件費が出ないからでしょう。

ある日、私の会社にＳＥＯ代行会社から営業電話がありました。ＳＥＯ（Search Engine OptimizAtion＝検索エンジンの上位に表示させるようにＷＥＢサイトを調整すること）の専門でありながら、電話でセールスするとは本末転倒だなあと思ったものです。思わず「どうして、あなたは専門のＳＥＯで集客せずに電話でセールスするのですか？」と聞いたほどです。もちろん、私ならこのＳＥＯ会社には依頼しないでしょう。

インターネットでも同じような状況を見受けます。ランディングページでいきなり本商品を売ろうとしているケースも多々あります。実のところ、私も数年前までランディングページで1万2千円の商品を売っていました。8年ほど前まではそこそこ売れて利益も出ていました。しかし最近、同じ商品をネットで販売してみましたが、広告費だけがかかって、商品はさっぱり売れなくなりました。

また、ある会社では、営業代行会社に営業を委託していました。費用は成功報酬となり顧客一人獲得で3万5千円とのことでした。ちなみに販売した商品は定期購入商品で客単価が5千円程度です。つまり、7回以上、継続しないと集客費用すら回収できません。

それほど、新規顧客をいきなり獲得するのは難しいのです。しかも、年々難しくなっている傾向なのです。

このような状況なのですが、それでも、まず売り込みをしようとしている会社が多くあります。それは、過去のマスマーケティング時代の成功体験があり、新しい集客方法に転換できないという事情があるのでしょう。

つまりは、まず見込み客を集め、そこから様々な施策を実行し顧客になっていただく必要があるのです。マスマーケティング時代で成功体験のある会社の多くは見込み客を集客するという概念がないのです。

ちなみに、私も30年ほど前の広告の営業をしている頃に、テレアポを毎日していました。午前中はテレアポのための時間で、毎日200件ほど電話をしていました。NTTの電話帳広告なので、電話番号データは豊富にあります。午前中にテレアポをしてアポが取れたところと、既存顧客は午後に訪問して契約を取ってくるという毎日でした。

テレアポで、訪問OKのところは、契約がほぼ取れます。契約する気もないのに、訪問許可はもらえることがないからです。つまり、この場合も電話で新規顧客を獲得しているのと同じ状況です。

私は人見知りする性格だったので、このテレアポや飛び込み営業がとても辛かったのを覚えています。30年経った今でも当時の夢を見てうなされることもあるぐらいです。

このように、昔はインターネットがない時代なので、電話で集客するか、新聞の折込チラシや雑誌の広告で集めるか、飛び込み営業しか集客する方法がなかったのです。

それである程度の集客ができていた、そんな時代でもあったのです。しかし、現状は大きく変わったのです。

見込み客を集めない会社は必ず失敗する

見込み客は、あなたの会社の商品やサービスには興味があるが、まだ商品を買うまでに至らない顧客予備軍です。つまり、いきなり高価な商品を買うには心理的なハードルが高くて超えられないのです。

このような人には、このハードルを下げる必要があります。例えば、無料のお試し品を用意する、または、安いお試し商品を用意するなどです。つまり、マスマーケティング時代のいきなり売る行為をしていれば、せっかく興味を持った人には、超えるべきハードルが高すぎて、諦めて去っていくのです。このように、集客方法としては非効率になります。

そうなると、ＣＰＡ（Cost Per Acquisition＝一人の顧客を獲得するためのコスト）が高くなり、顧客獲得にかかる時間も長くなります。そうこうしているうちに、集客コスト上昇により、利益がなくなり、いずれは会社をたたむことになるでしょう。

だから、まずは見込み客を集めなくてはいけないのです。

そして、見込み客にはできるだけソフトな接触方法にする必要があります。つまり、対面で見込み客を集客するより、ネットで注文するという方法が良いでしょう。例えば、見知らぬ人に「最初は無料ですから、ぜひ一度使ってみてください。」と道端で声をかけたとします。そうすると、それに興味がある人以外は、まず無視するでしょう。また、人が実際に動くことになるので、人件費もかかり非効率です。さらに、この場合、サンプル商品を渡した人の名前やメールアドレスぐらいはわからないと、後のフォローができません。つまり、単なる商品の認知を広げるキャンペーンになってしまいます。

したがって、対面ではなくネットで興味のある人を集め、そこで無料サンプルなどを注文できるようにする方が、見込み客の心理的なハードルが下がります。

見込み客を集めることは、健康食品や化粧品などの通販会社では常識の集客方法です。これらのリピートを前提とした商品を販売する通販会社は、無料サンプルの配布や、有料で500円などの安価なサンプル商品を販売しています。

一人の見込み客を集客するのに、8千円から1万円以上の広告費を使っているので、その時点では赤字です。つまり、新規顧客、そしてリピーターにならないと利益は生まれません。その広告費と、そして新規顧客への顧客フォローにかかる費用もあります。それらを全て差し引いても利益が残らないとビジネスとして成り立たないのです。

だから、多くの顧客予備軍に対して、集中的にフォローをします。例えば、DM、メール、電話などを3日おき、1週間おきなどに連続的かつ計画的に行います。そして、興味をさらに膨らませて、最終的に商品を買っていただき、ようやく新規顧客になっていただくのです。

(顧客フォローの計画の立て方については、後の章で解説します。)

顧客獲得には見込み客が絶対必要なワケ

最初の無料サンプルや安価な有料サンプルで集客している段階では、当然、利益はありません。そこで辞めてしまえば、広告費だけかかり赤字です。だから、新規顧客になっていただくように、必死でアプローチします。これである程度の新規顧客にならなければ、会社として経営が成り立たなくなります。

一方、健康食品や化粧品など以外の、そもそもリピートを前提としていない商品を通販で販売している会社もの場合は、無料サンプルなどで集客はできません。例えば、衣料、アクセサリー、ステーショナリーなど多くの商品がこれに当たります。これらを販売している会社では、見込み客を集めるのはどうすればいいのでしょうか？

お試し品とは言わないまでも、単価の安い割には、価格以上の価値があるように思える商品、気軽に買える商品を用意して、それを集客商品として、それを入り口にして、本当に買って欲しい、高単価で利益率の高い商品を買っていただくような施策を行います。

また、士業、カウンセラー、コーチなどのサービスやコンサルティングを提供する業種の場合、メールアドレスを登録いただいて、サービスに関する無料の資料をＰＤＦで配布します。または、メールアドレスを登録いただき、動画の視聴をしていただくなどの見込み客を集める方法もあります。その他、メールマガジン登録もありますが、最近はラインなどＳＮＳの方に移行している方も多いようです。

また、士業やコンサルタントなどでは、初回無料相談もよくある見込み客を集める方法ですが、これには一長一短あります。私も以前、初回無料相談をしていたことがあります。これのデメリットとしては、無料で相談に応じることは、コンサルティングの価値を下げてしまう可能性があることです。なので、少額でも必ず費用をいただくという考えもあると思います。また、無料で相談したら、しつこく契約を勧められるのではと懸念される方もいるでしょう。これに関しては、ある意味、コンサルタントにとってはいいことなのです。なぜなら、コンサルティングを受けることを前提とした方のみ無料相談される可能性が高くなるので、無駄な仕事を増やさないという利点があるからです。

私は様々なコンサルタントや税理士の方の無料相談に申込みしたことがあります。これも、市場調査の一環でした。あるコンサルタントは、質問にはほとんど答えてもらえず、ほんのさわりを話しただけで、「ここからは、今日中に契約してくれたら話をします。明日以降に契約されてもお断りします。私も忙しいので…」と言われました。また、ある税理士は、私の問いに答えることなく、「どのように答えたらいいのかわからない。」ととても冷淡な態度で電話を切られました。私もコンサルタントなので、質問の全部に答えてしまっては、料金を支払って相談してもらえなくなるという危惧は理解できます。

しかし、先の事例のような場合は、せっかく無料相談を募集しても返ってマイナスになってしまうこともあります。

なぜなら、見込み客にとって信頼がおけるかどうか、真摯に相談に応じてもらえるかどうかなど、今まで会ったことのない人だからこそ、見込み客は無料相談でそれを見極めようとしているからです。それなのに、ほとんど質問には答えてくれない、または無料だからと言って、冷淡な態度で接するなどは、見込み客の期待を裏切る行為です。

これは、新規顧客獲得を焦るがゆえの行為となり、見込み客を集めるという本来の目的から逸脱しています。やはり、メールマガジンなどソフトな対応で、接触頻度を高めることで、顧客からの信頼を少しでも得られるように努力する必要があります。

また、メールマガジン以外にもニュースレターの発行も同時に行うのも良いでしょう。ニュースレターはレイアウトや印刷に費用がかかり、かつ、商品と別送するなら送料もかかります。したがって、多くの会社は発行することを躊躇します。

しかし、これについてもDMと同じく、多くの会社がしないのなら、ニュースレター発行はチャンスと言えます。つまり、わざわざ紙のニュースレターを送ることは他社より接触機会が増え、さらに目立つからです。

紙のニュースレターはメールなどのデジタルデータにない訴求力があると言えます。

例えば、私がコンサルティングしていた会社では、これまで顧客との接触はメールマガジンだけでした。そこで、毎月ニュースレターを発行して全顧客に届けたのです。

もちろん、最初の2、3ヶ月の反響はほとんどありませんでした。しかし、続けて発行していると、徐々に反響があり、毎月、何らかの商品をお勧めすると、必ずある程度は売れました。ある月は、通常だと売るのが難しい、約6万円の商品が何十個と売れたのです。しかも、その商品は極めて利益率の高い商品でした。その際にお届けしたニュースレターはたった2000通程度でした。

しかしながら、ニュースレターでの最大の目的は売ることではありません。売るための素地を作るためと、メルマガだけの弱さをカバーする役割を果たす強力な武器と言えます。

ちなみに集客商品はフロントエンド商品といい、本当に買っていただきたい商品（本命商品とも言われます。）はバックエンド商品といいます。

私はリピートを前提としていない会社のコンサルティングも相当引き受けていましたが、前述の通り彼らには、いわゆる見込み客に当たる顧客層を前提としたマーケティング施策をしている会社は、ほぼありませんでした。

そこで、現状扱っている商品でフロントエンドとなる商品があるかどうか、または、新たにフロントエンド商品を開発して、リピートが生まれるための商品ラインナップをしていただくことをアドバイスしていました。

ネット、チラシで見込み客を集めるには？

現状ではネットで集客することがメインですが、今でも紙媒体である各種のチラシやフリーペーパーでも見込み客を集めることもあります。ただし、新聞については若年層の読者が減少しているため、高齢者の読者の割合が増えています。そのため、新聞などの織り込まれるチラシやフリーペーパーの読者層も高齢者中心になっています。

また、紙媒体で集める場合には、デメリットがあります。

それは、顧客フォローにとって重要なメールアドレスの取得ができないことです。メールアドレスが入手できなければ、ステップメール（ステップメールについては後ほど詳しく解説します。）やメルマガを配信できません。

また、そもそも高齢者が中心なので、メールアドレスを持っていない確率も高いでしょう。

したがって、紙媒体で集客した場合は、DMか電話でのフォローしかできないのは、大きなデメリットです。

ちなみに、ステップメールとは、見込み客などに対して、あらかじめ、いくつかのメール（シナリオ）を用意して、それぞれのメールをどのタイミングで配信するのかを設定する仕組みです。例えば、見込み客なら、見込み客になった段階より、一つ目のメールは2日後に、2つ目のメールは4日後に、3つ目のメールは1週間後になど、メールを順番に何日後に見込み客に配信するのかを設定するシスステムです。

紙媒体の場合、高齢者が見込み客になる場合が多いので、当然ながら年金暮らしの方も多いのです。したがって、特に高額商品の継続購入をするのが難しいと思われます。実際に、お客様の声で定期商品を購入された方が解約される場合の理由として、「年金暮らしなので、支払いが厳しいので続けられない。」という方が多数います。もちろん、それに該当されないお客様もいますので、一括りにはできませんが、ある程度、そういった傾向があると言えます。

しかし、逆にメリットもあります。

それは、チラシなどの広告を見て注文される方のほとんどが、広告に記載されているフリーダイヤルに注文の電話をされるからです。その際は、オペレーターが対応するので、オペレーターが顧客にサンプル品ではなく、その場で本品を勧めることができるのです。もちろん、ネットでも同様の仕組みができますが、ネットの場合は生身の人間のオペレーターより、どうしても訴求力が弱くなる傾向があります。したがって、サンプル品購入にとどまり、定期購入商品などに引き上げする率が下がってしまうのです。

別の章でもお話ししましたが、私のコンサルティングしていた会社では、紙媒体で見込み客を集めた場合、68歳が中央値でした。中には90歳代のお客様もいました。また、40歳代の方はほとんどいませんでした。このような状況では高齢者にヒットするワードやイラスト、同年代の人の写真などを広告内に散りばめるのが良いでしょう。

この会社は、新聞に折り込まれている様々なフリーペーパーに広告を出していましたが、読者が減少しているために、集客数が相対的に減少しています。今後はさらに減少していくでしょう。しかしながら、部数減少により広告費も下がっているので、まだ、なんとか赤字になっていません。でも、いずれ媒体としては衰退するでしょう。

効果のある広告を何度か使っていると、競合他社がそれを見て、真似をした同じようなキャッチコピーの広告を出してきます。

なぜなら、広告の効果がなければ、通常の場合、何度も同じ広告を出すことがないので、他社は「この広告は集客力がある。」と判断するからです。

これらの地方の小さい媒体に広告出稿している多くの会社の場合、大企業のような会社名でのブランディングはありません。

当然ながら、同じような広告で同じような商品を同じ媒体に出していると、競合他社とシェアを分け合うことになります。

そうなると、集客力が落ちてしまうので、また、新しい広告内容を模索することになります。

これについては、ネット広告でも同じです。

この会社でも、効果のある広告をずっと出していましたが、ある時、同じようなキャッチコピーで競合他社が真似た広告を出すようになってしまいました。

そちらは比較的大手であったために、同じ土俵で戦っても太刀打ちできません。したがって、新しい商品の開発をすることになりました。

ネットの場合の基本的な見込み客の集客方法は、フロントエンド商品のランディングページを作成し、グーグルなどでそのページを広告することです。

ただし、現状においては、オンリーワン商品のような独自性があるとか、まったく新しい切り口で訴えるか、もしくは趣味性の高いものなど、ニッチな商品でないと集客にかなりのコストが必要になります。

なぜなら、ネット内においては既存市場はすでにレッドオーシャン化（競争が極めて激しい）しているからです。したがって、かなりの資金をドカンと投入できるような大企業でないと、見込み客を集客するのはかなり難しい傾向です。

そこで、フェイスブック、ツイッター、ライン、インスタグラムなどSNSでの広告も視野に入れるべきだと思います。私もある会社でフェイスブック、ツイッターの広告にトライしました。残念ながら、結果的に芳しい成果が得られませんでした。これに関しては、広告代理店に丸投げしたのが良くなかったと思います。誤解しないで欲しいのですが、広告代理店が悪いと言うのではなく、広告主もある程度、ＳＮＳの動向やＳＮＳ独特の広告スキルを得て、広告代理店と共同作業していく必要があると思っています。ただ、ＳＮＳの将来性は高いと思いますので、現在、私のコンサルティング企業ではしっかりと管理運用をしています。

また、ネットではアフィリエイト（通常は一般の方が、企業の代わりに広告宣伝し成果報酬を受け取る）でも集客できます。ただし、これに関しても、アフィリエイター（アフィリエイトに参加している人）をアフィリエイトサービス会社と共同して、どのように管理していくのかが重要と思います。つまり、どんな広告をするにせよ、ほったらかしはコストパフォーマンスを落とす原因になります。

話が少し横道に逸れますが、ランディングページを作る場合は、どの制作業者に依頼するかを慎重に検討した方がいいでしょう。なぜなら、ランディングページ制作をしている業者の中には、成果をかなり盛って営業してくる場合があるからです。

一例として、私が経験した事例を紹介します。私がコンサルティングしていた会社で、ランディングページを作ろうと言うことになり、いくつかの業者をピックアップして、それぞれの業者にプレゼンしていただきました。

そこで、最も費用が高い会社にプレゼンしていただいた時のことです。1ページのランディングページを制作するのに確か約50万円とのことでした。その営業マンの方は、その会社が制作したランディングページをいくつか見せながら、これだけの良いコンバージョンを得られて、委託した会社の業績はこれだけ上がったという内容でした。

売れるページ作成に特化した会社だから多少費用も他社より高価になると言う説明でした。ですが、その会社が成功事例としてプレゼンした中に、私の知り合いの会社があって、私は、その会社の幹部からネットでの集客でかなり苦戦していると言うことを事前に聞いていたのです。つまり、その業者は実績の底上げをしていたのです。

ランディングページだけでなく、リスティング広告運用会社（グーグルなどでWEB広告運用を企業から受託している会社）も同じことが言えます。あからさまに、実績を誇る場合は、少し気をつけた方がいいでしょう。反対にその会社の弱い部分もきっちり伝えてくる会社の方が、実際の運用も真面目でしっかりしています。

集客するためのランディングページとは？

ちなみに、私は過去に自分自身でランディングページを何枚か制作した経験があります。初めて自分で商品を開発し販売することになったからです。

私はコンサルタントとして独立した際に、一つの疑問を持っていました。これまでは、サラリーマンなので、当然ながら自分でリスクを取って商品を販売していません。なので実際に自分で開発した商品を販売し、リスクを取りながら一から運営しないと、コンサルタントとしては説得力に欠けると考えていたのです。

そして、自分で商品開発してランディングページを作成し、そのページにリスティング広告をつけて、日々運用していくことにしました。

そこで、初めて自分でランディングページを制作したのですが、どのようなランディングページにするかは、初めから分かっていました。つまり、このページを閲覧する人が、何歳で、どのような悩みを持っていて、これまでその悩みに対してどのような対応してきたか？また、様々な対応をしてきたのに、その悩みが解消されていない。そのような人物像を頭の中でイメージを膨らませていったのです。

そして、自分自身の過去の経験と、ページを閲覧している人とをダブらせて、私自身の言葉で、どのように私は悩みを解決してきたかを、真摯な態度で語りかけるような、ページを制作したのです。もちろん、競合他社のページもかなり研究しました。

さらに、キャッチコピーを毎週変更しながらどのコピーが最もコンバージョンがいいのかをテストしていました。

こうして、結果的にはリピートしなくても初回から、つまり新規顧客になった段階から利益が得られるページになっていったのです。

私の場合は、ニッチな商品で競合他社も少ない、いわゆるブルーオシャンだったため、広告費がとても安かったのです。

それにより、見込み客を集めるよりは、新規顧客から狙っていった方がコストパフォーマンスは良かったのです。しかし、現在は私が制作したページに広告をかけても、ほとんど売り上げはありません。時代は変わったのです。現状では、まず見込み客から集めないと利益を得ることは難しいのです。

そのようにして見込み客を集め、そこから見込み客フォローに入ります。顧客フォローを何度か行い、そして新規顧客獲得という流れにします。そうして、見込み客集客から顧客獲得までの数値を分析して、それまでの流れを評価します。そして、またフォローの改善を行います。

少し話は脱線しますが、私はランディングページ制作を専門としているCMS（コンテンツ・マネジメント・システム＝ネット上のシステムを使ってWEBサイトを作成できるシステム）のサービスをしている会社を利用してランディングページ作っていたことがあります。その仕組みは、あらかじめひな形が決まっていて、ユーザーが写真やテキスト文章だけを設定すれば、簡単にランディングページができ上がるといったものです。

しかし、ひな形が決まっているのであれば、そのCMSを使っている会社のランディングページは全て同じフォーマットのものになります。したがって、そのCMSを使っている会社が多ければ多いほど、どれも同じようなページが大量にネットにアップされているため、当然ながら、各ページの訴求力は下がってしまうでしょう。

やはり、訴求力の高いランディングページを作成するには、ターゲットとなる顧客イメージを明確にし、かつ、独自性も必要でしょう。

ちなみに、そのCMSサービス会社がどのようにして、そのひな形を作ってきたのかを聞きました。それはテスにテストを重ねて、どのようなフォーマットが一番、コンバージョンが高いのかを把握した結果とのことです。そのテストに数億円かけてそうです。しかし、数億円かける前に有意差検定をすれば、もっとテスト費用は抑えることができたでしょう。

無料サンプル、有料サンプルどっちで集めるのか？

さて、見込み客を集めるには、無料サンプルか有料サンプルかどちらがいいのか？と迷うところでしょう。

まず、前提として無料サンプルと有料サンプルでは、集まる見込み客数が違います。当然ながら、無料の方が多く集まります。それは、心理的なハードルが低ければ低いほど、集まりやすくなるからです。これを考えると、無料サンプルの方が有利なような気がします。しかし、無料サンプルは多く集めることができますが、有料サンプルで集まった見込み客より、購入意欲が低い傾向にあります。つまり、あまり興味がないのに、「無料だから…」ということで集まる人が多少なりともいるからです。

それに比較して、有料サンプルで集まる見込み客は、少額であっても、お金を出している人なので、それだけ興味もあり、購入意欲もあると考えられます。最終的に無料サンプルにするか、有料サンプルにするかの判断は、サンプルで集めた見込み客から新規顧客になり、その収益と広告費とを比べ、コストパフォーマンスに優れている方をチョイスします。

もちろん、両方やってみるという手もあります。

それでは、私が関わった実際の例を挙げてみます。

まず、私がコンサルティングしている会社は、以前より無料サンプルで見込み客を集めていました。しかしながら、そこから新規顧客になるのは５％程度でした。無料サンプル自体の仕入れ価格は40円程度で、当時はヤマトメール便で発送していましたので、送料は約80円でした。

無料サンプルは広告をせず、ホームページで集客していました。したがって、一人の見込み客にかかる費用は約１５０円です。５％が新規顧客になるので、１００名の見込み客にかかる費用は15,000円。新規顧客の客単価は8,000円です。新規顧客５名で合計40,000円ですので、本商品発送にかかる送料や商品の仕入れ価格を除いて、粗利益は約30,000円となります。見込み客にかかった費用を引くと、15,000円となります。

このように、利益が残る状況が続くと仮定した場合、この流れの無料サンプルから集客する仕組みは続けるべきです。ただし、グーグルの検索エンジンのアルゴリズムは随時変更されていますので、いずれホームページへのアクセスが減る可能性もあります。

その際は、これまでの蓄積されたデータの流れを見て、小額の広告をテストするなど適切に判断する方が良いでしょう。後の章でも詳しく解説しますが、この会社の場合、見込み客へのフォローがほとんどされていない状況でした。それにより、私は見込み客フォローの計画を立案し、顧客フォローを遅滞なく運用することで、新規顧客へのアップ率が17％までに向上しました。

そのテスト結果を信用してはいけない

よくあるケースで、マーケティング担当者が広告のＡＢテストを行った結果、「Ａの広告の方がコンバージョンは良かったので、Ａ広告で広告を継続しよう。」という結論になります。

しかし、Ａ広告の方がコンバージョンは良かったという結果は、たまたま良かっただけという可能性もあります。テストした期間やランディングページへのアクセス数（サンプル数）が統計上、比較するのに妥当な数値であったかどうかということも影響します。したがって、前章でも解説した通り、このテスト結果を鵜呑みにしないで、有意差検定をして統計上、結果の数値は偶然であるかどうかを確かめる必要があります。

有意差検定にはいくつもの検定方法があります。私の場合、複雑な検定は避けたいので、最もポピュラーなカイ二乗検定という検定方法を使います。カイ二乗検定とはどういうものか？

という説明はここでは省略します。詳しく知りたい場合は、統計学の解説本やインターネットで検索してください。ただし、これまで統計に慣れ親しんでいない方の場合は、読んでもよくわからないと思います。

私はかつて、勉強していましたが、統計学の専門家ではないので、実は深いところはわかりません。マーケティングの観点では統計学は必須ですが、マーケティングに必要な最低限の統計の知識があれば良いと考えています。

いずれにしても、カイ二乗検定はＡＢテストでよく使われている検定方法です。ちなみに検定方法としてはＴ検定もポピュラーなのですが、ＡＢテスト場合はカイ二乗検定の方が合っていると思います。

ところで、経営者の方の統計学についての認識はどれくらいなのでしょうか？

私がコンサルティングしている会社がＡＢテストを行いました。その結果、Ａ広告よりＢ広告の方がコンバージョン率は良かったので、Ｂ広告を全面的に行うが、どう思うか？の意見を求められました。私は「有意差検定はしましたか？」と聞きますと、「有意差？何ですかそれは？」と何のことかさっぱりわからないという返答でした。やはり、多くの経営者は統計学についての知識が希薄であると再確認しました。

また会社経営者が統計のことをよく知らないと言うのは、まだ、予測の範囲内ですが、広告代理店の方やマーケティングのプロが、ＡＢテストをしても有意差検定をしない方が多いのは、とても残念なことです。


私はコンサルティング先の会社社長と、頻繁に広告代理店との打ち合わせをしましたが、検定については一切行っていませんでした。つまりコンバージョン率やコンバージョン数の数値だけで結果の優劣を判断していたのには、がっかりしました。

また、その会社以外にも、私は複数の広告代理店とミーティングした経験から広告代理店で検定などの統計での結果報告をする会社は見たことがありません。

それくらい、統計学に関する知識を持っていない方が多いのです。ましてや、マーケティングや広告のプロにも関わらずです。前の章でも話しましたが、マーケティングに統計を使うのは必須であるのにも関わらず、このような残念な状況でした。

あなたのABテスト結果の見方は間違っている

私がコンサルティングしていた、ある通販会社が新しいシャンプーを開発しました。そして、それを販売するために、ネット広告をすることになりました。そして、2つの広告を作成し、どちらか、集客力のある方の広告で全面的に展開することにしました。

そして、ABテストを開始したのです。

ABテストの結果からA広告の方がコンバージョンは良かったとします。しかし、有意差検定を行って、本当にA広告の方が優秀なのかを、統計上の裏付けが必要です。

まず、ABテストの結果から、実際に有意差検定を行ってみましょう。

キャッチコピーが違う2つの広告を「どちらの方が集客力はあるか?」を比較検討します。

Aの広告：キャッチコピーが「頭頂部が気になる女性必見」のシャンプーの広告

Bの広告：キャッチコピーが「分け目のボリュームUP成分たっぷりの女性専用」のシャンプーの広告

統計学を活用した比較検討シート

キャッチコピーが違う2つの広告を「どちらが集客力があるか」を比較検討します。

例：同じ商品、同じ価格でキャッチコピーのみ違う広告
Aの広告：　キャッチコピーが「頭頂部が気になる女性必見」のシャンプーの広告
Bの広告：　キャッチコピーが「分け目のボリュームUP成分たっぷりの女性専用」のシャンプーの広告

A、B、2つの広告で次のテストを実施しました。
広告媒体：　インターネット広告（PPC：グーグル広告）
期間：　A、Bを各1週間ずつ

結果：　Aをクリックしたが購入しなかった人数（542）　Aをクリックした結果、購入した人数（31）
　　　　Bをクリックしたが購入しなかった人数（811）　Bをクリックした結果、購入した人数（64）

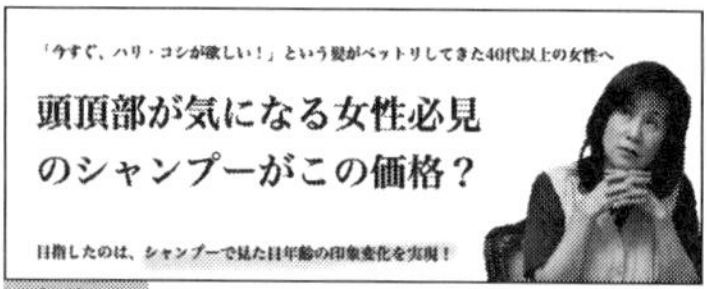

広告A

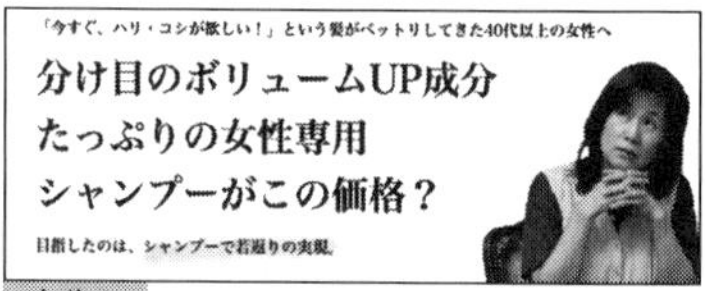

広告B

下の「実績値」の表にそれぞれの数値を入力します。

実測値

	購入しなかった	購入した	合計	成約率
A	541	31	572	5.420%
B	811	64	875	7.314%
合計	1352	95	1447	

上記の表から成約率の高い方が「広告として集客力がある」と思われます。
しかし、統計学上、それは「たまたまの偶然の差なのか、もしくは、その差は偶然とは言えないか」を検定します。
（成約率の高かった方が優れているのかを統計学上の裏付けを見ます。）

この「p値」が5%以下であれば、「偶然の差とは考えられない」と言えます。
つまり、上記の表の成約率の差は偶然の結果ではないと言えます。
また5%を超えた場合は、「偶然の可能性がある。」と言えます。
つまり、上記の表の成約率の差があっても偶然その差が出た可能性があり、
成約率の高い方の広告が優秀だとは限らないと言えます。

期待値

	購入しなかった	購入した
A	534.4464409	37.55355909
B	817.5535591	57.44644091

エクセルの関数（CHISQ.TEST または　CHITEST）で上記の4つの値を選択するとp値が求められます。

p=　**0.15480937**

5%以上の結果だった場合
上記の結果、5%以上であった場合、どちらの広告を採用すれば良いか判断ができません。
判断するためには、テスト期間を延長するなど、各実測値を増やし再検定する必要があります。

A、B、2つの広告で次のテストを実施しました。

広告媒体：インターネット広告

期間：A、Bを各1週間ずつ

結果：Aをクリックしたが購入しなかった人数（541）Aをクリックした結果、購入した人数（31）コンバージョン率（成約率）5.420％

Bをクリックしたが購入しなかった人数（811）Bをクリックした結果、購入した人数（64）コンバージョン率（成約率）7.314％

コンバージョン率の高いB方が「広告として集客力がある」と思われます。しかし、統計学上、それは「たまたまの偶然の差なのか、もしくは、その差は偶然ではないのか？」を検定します。つまり、成約率の高かったBの方が優れているのかを統計上の裏付けを見ます。

有意差検定では「p値」という数値を求めます。「p値」とは有意確率のことです。p値が小さければ小さいほど「起こり得る確率が上昇する。」という結論になります。一般的には、p値が5％をその判断基準にしています。つまり、5％以下であれば「偶然の差とは考えられない。」と言えます。また、５％を超える場合、「偶然の可能性がある。」と言えます。つまり、コンバージョン率の差があっても偶然その差が出た可能性があり、成約率の高いＢ方の広告が優秀だとは限らないと言えます。

今回のテストではｐ値が５％以上であったので、「Ｂの広告の方がコンバージョン率は良かったのは、たまたまの偶然であった可能性が高い。」といった統計的見解になり、どちらの広告を採用すれば良いか判断ができないという結果になりました。

このような場合、判断するためには、テスト期間を延長するなど、各実測値を増やし再検定する必要があります。なお、有意差検定の計算方法については難しいと思う方が多いと思います。実は私も計算式は覚えていません。でも、各テストの結果をクロス集計して、そこから期待値を計算します。期待値とは字の通り、期待される値です。この辺りはネットや専門書で確認していただければいいのですが、多分、多くの方は解説を見ても意味がよくわからないと思います。簡単いうと確率変数の平均値です。と簡単に言ってもよくわかりませんね。

とにかく計算方法だけ分かっていればいいと思います。

期待値は、Ａを購入しなかった、Ａを購入した、Ｂを購入しなかった、Ｂを購入したの４つの期待値を求めます。

計算方法は、

Aを購入しなかった期待値＝A、B広告を見たけれど購入しなかったクリック数の合計（1352）／A、Bクリック数の合計（1447）X Aのクリック数（572）＝534

Aを購入した期待値＝A、B広告を見て購入したクリック数の合計（95）／A、Bクリック数の合計（1447）X Aのクリック数（572）＝38

Bを購入しなかった期待値＝A、B広告を見たけれど購入しなかったクリック数の合計（1352）／A、Bクリック数の合計（1447）X Bのクリック数（875）＝818

Bを購入した期待値＝A、B広告を見て購入したクリック数の合計（95）／A、Bクリック数の合計（1447）X Bのクリック数（875）＝57

＊計算結果の値は小数点以下四捨五入です。

p値の計算方法は、エクセルの関数「CHISQ.TEST」を使ってして、先ほどの4つの期待値を選択します。

p値=0.15481（15.481%）となりました。

5%以上という結果になったので、この差は偶然という結果になりました。

つまり、B広告の方がコンバージョン率はよかったのですが、検定結果を見ると、その差は偶然である確率が高いとなります。つまり、B広告の方が優れているとは言えないということです。

このように、エクセルを使えば簡単に検定結果がわかります。それにより、再テストをするか、コンバージョンの結果を採用するかが判断できます。

統計学で見込み客が面白いほど集まる方法とは

このように、ABテストの結果を有意差検定することにより、マーケティング上の失敗を防ぐことができます。仮にABテストのコンバージョン率だけを見て、数値の良い方を本番の広告として大々的に展開した場合、思ったような成果が出ない可能性が高くなります。

しかし、マーケティングに統計を活用するということをまったく知らない場合、「思ったほど、広告の成果が出なかったが、まあ、こんなもんなんだろう…」という認識にしかならないでしょう。実はコンバージョン率が高く優秀だと思っていた広告は、たまたまコンバージョン率が良かっただけという本質がわからないまま広告費を垂れ流していたことになります。しかし、有意差検定をしていたら、最大のコストパフォーマンスでの集客が可能になっていたはずです。

ABテストで得られたデータは、確かに過去のデータです。つまり、未来はどうなるかわかりません。だから、過去のデータで検定しても、必ず検定から得られた結果にはならないと言えます。しかし、だからと言って検定しないと、失敗する確率は高くなることは間違い無いでしょう。

つまり、ＡＢテストを何度か繰り返して、都度、有意差検定をすることで、最強の広告が決定できます。例えば、キャッチコピーはどれが一番優れているか、どのような写真が一番優れているかなど、それぞれのテストを繰り返すことでベストな広告内容がわかります。それは、単なるコンバージョン率が高かったからではなく、統計上に置いて優れていることを裏付けになります。

そのようなテストを実施することで、最強の広告が完成するのです。その広告を展開することにより、最もコストパフォーマンスに優れ、最も多くの見込み客を集めることができます。

結果的にその次に繋がる新規顧客が増え、利益も増えます。

第6章

見込み客から新規顧客へ育成する

なぜ、見込み客をグループ化しないといけないのか

見込み客が集まれば、次にすることは、新規顧客への育成です。顧客を育成という言葉は、お客様のことを上から目線で言っているようで、あまりいい言葉では無いと思っています。しかし、日本語として置き換えるような言葉が思い浮かびません。しかし、マーケティングではリードナーチャリングと言う言葉があります。リードとは見込み客のことで、ナーチャリングとは育てると言う意味です。

リードナーチャリングのためにすることは顧客フォローです。見込み客の段階では「顧客」ではありませんが、一応、わかりやすく顧客フォローと呼んでいます。

では、見込み客はどこまでいっても見込み客なのか、という問題があります。つまり、1年前に集まった見込み客も、昨日、集めた見込み客も同じ見込み客でいいのかという問題です。

見込み客へ顧客フォローするには、それなりの費用や手間が必要です。例えば、DMで顧客フォローするなら、印刷コストと郵送費がかかります。それを何回すればいいのかという問題

があります。また、ステップメールであれば、何通のシナリオにするのがいいのか、長くすればするほど、費用はほぼかかりませんが、手間がかかります。

このように、DM回数やステップメールを増やせば、増やすほど、新規顧客へのステップアップする確率が増します。しかし、増やせば費用と手間がかかります。なので、どこかでフォローを終了させる必要があります。

後で詳しく解説しますが、見込み客になった段階から時間が経てば経つほど、新規顧客になる確率が下がってきます。つまり、DMやステップメールのフォローは最初の段階ほど、購買意欲があり、徐々に購買意欲が下がっていきます。それは、DMやステップメールの内容に関わらずです。そこで、見込み客になった段階からどれくらいの経過日数が経ったかで見込み客をグループ分けする必要があります。

「熱い見込み客」と「冷めた見込み客」

見込み客になった段階は、その商品やサービスにとても興味を持っています。それは日数が経過すればするほど、どんどんその興味が薄れ、やがて忘れ去られます。私は見込み客になって日が浅い見込み客を「熱い見込み客」つまり「ホットリード」、相当な日数が経過した見込み客「冷めた見込み客」「コールドリード」と呼んでいます。

どこからが、ホットからコールドになるかは、フォローにかかるコストと新規顧客から得られる利益との分岐点にあります。コールドリードになった段階でフォローは終了になります。コールドリードから新規顧客になる確率はほぼないと考えた方が良いでしょう。ただし、手間もコストもかからないメルマガ（メールマガジン）は解除されない限りは送り続けます。メルマガは、メールアドレスを取得している見込み客、顧客全てに広く配信します。顧客になる見込みがほぼ無くても、もしかしたらの可能性はあります。メルマガについては注意点があります。例えば、週1回と決めたら必ず、そのスケジュールで配信を続けることです。なぜならそれは、読者に忘れられないようにするためです。「メルマガを送っても、ほとんど読まれないから、送っても無駄。」と言われる方がいます。確かに読まない人が多いでしょう。しかし、少なからず必ず読んでいる人はいます。楽しみにしている人もいる可能性もあります。そのような人に対して情報提供しないのは、ビジネスマンとしては失格ではないかと私は思います。

メルマガについては、最大の注意点があります。メルマガでは、売り込みはできるだけ避けるということです。売り込まれて嬉しい人はいません。売り込みをするとどんどん、読者は離れていきます。そしてもう二度と戻っては来ないでしょう。

また、これまで多くの会社がメルマガで強烈な売り込みをしてきました。それにより、見込み客や顧客は「メルマガは不必要なもの」として認識されてしまったのです。メルマガを送っても効果がないと言われるのは、そのためです。

なので、できるだけ売り込み部分は避けて、読者がためになる情報、面白い情報などを主体にすべきなのです。

ちなみに、私のコンサルティングではメルマガの内容について、なるべく個人の趣味や最近あったできごとなど個人的なことなどを伝えるようにアドバイスしています。

犬好きであれば、犬の話題を、音楽好きでは音楽の話題を、アニメ好きならアニメの話題などを顧客に情報提供をします。

普通に考えると、商売とは関係ないので意味がないように思えます。しかも、「私のことなどお客様は興味を持っていないだろう?」と考えることもあるでしょう。

しかし、これは、個人と個人の距離を少しでも縮めるためには必須とも言えます。

配信しているその人の人となりが分かれば、多少なりとも親近感がわきます。

例えば、ある顧客は犬には興味がないとします。しかし、販売者であるあなたは犬を飼っていて犬が大変好きです。そのことをメルマガで顧客に伝えました。顧客は興味がないからその情報を無視するとは思えません。「犬好き」というあなたのパーソナリティの特徴を一つ理解したことになります。

そして、あなたが犬好きを熱く語れば語るほど、その情報を知った顧客は「この人、面白いね。」となるでしょう。つまり、熱が顧客の心を動かすのです。そして、メルマガ自体のインパクトが増すことになり、ひいては、読者離れを防ぐことになります。

私の経験でも同じことがありました。あるマラソン好きの方とお話ししたところ、あまりにもその人のマラソン熱がすごいので、まったく興味がなかった私も「よし、私もチャレンジしてみよう。」とその熱にほだされてマラソン用のシューズやウエアを買ったことがありました。（残念ながら、私の場合は三日坊主で終わったのですが。）

どの基準で「熱い客」と「冷たい顧客」を分けるのか？

先ほども解説した通り、フォローにかかるコストと新規顧客から得られる利益との分岐点で、ホットとコールドが分かれます。

これについては、例えば、見込み客になってから何日が経過したか、また、DMを何通送ればなどは、商品によって変わってきます。

高額商品はホットの期間が比較的長くなるでしょう。どの基準でホットとコールドを分けるのかは、やはりテストしてから決めるべきです。

私がコンサルティングしたある化粧品通販会社の例では、無料サンプルで集めた見込み客には、DMは3回までとしています。1回目はサンプル発送から14日後、2回目は21日後、3回目は40日後としています。本来であれば、もう少し間隔を詰めて回数を増やしてもいいのですが、DMの場合は印刷と送料のコストがかかるので、あくまでもステップメールの補完的な役割として考えていました。始めた当初はこちらの会社の資金的なことを考慮し、採れる最善策として考えました。また、無料サンプルはネットだけからの注文のみなので、メールアドレスが必ず入手できます。なので、費用負担がかからないステップメールを中心にフォローすることにしました。

ステップメールのシナリオは全部で8回です。これは手間さえかけることができれば、増やしていけるので、時間に余裕があれば追加していきます。最初の数回はサンキューメールや、商品へのこだわり、商品の開発秘話（いかに苦労して世に出したか?）、そしてお客様の声などが中心で、売り込み要素はほぼありません。それから、メールを受け取った人だけのクーポンの配布や、クロスセル（他の商品などの購買促進）などの展開を徐々にしていくといった内容になっています。もちろん、クーポンには有効期限があって、商品購入への背中を押す役割をしています。

ホットリードからコールドリードへのフロー

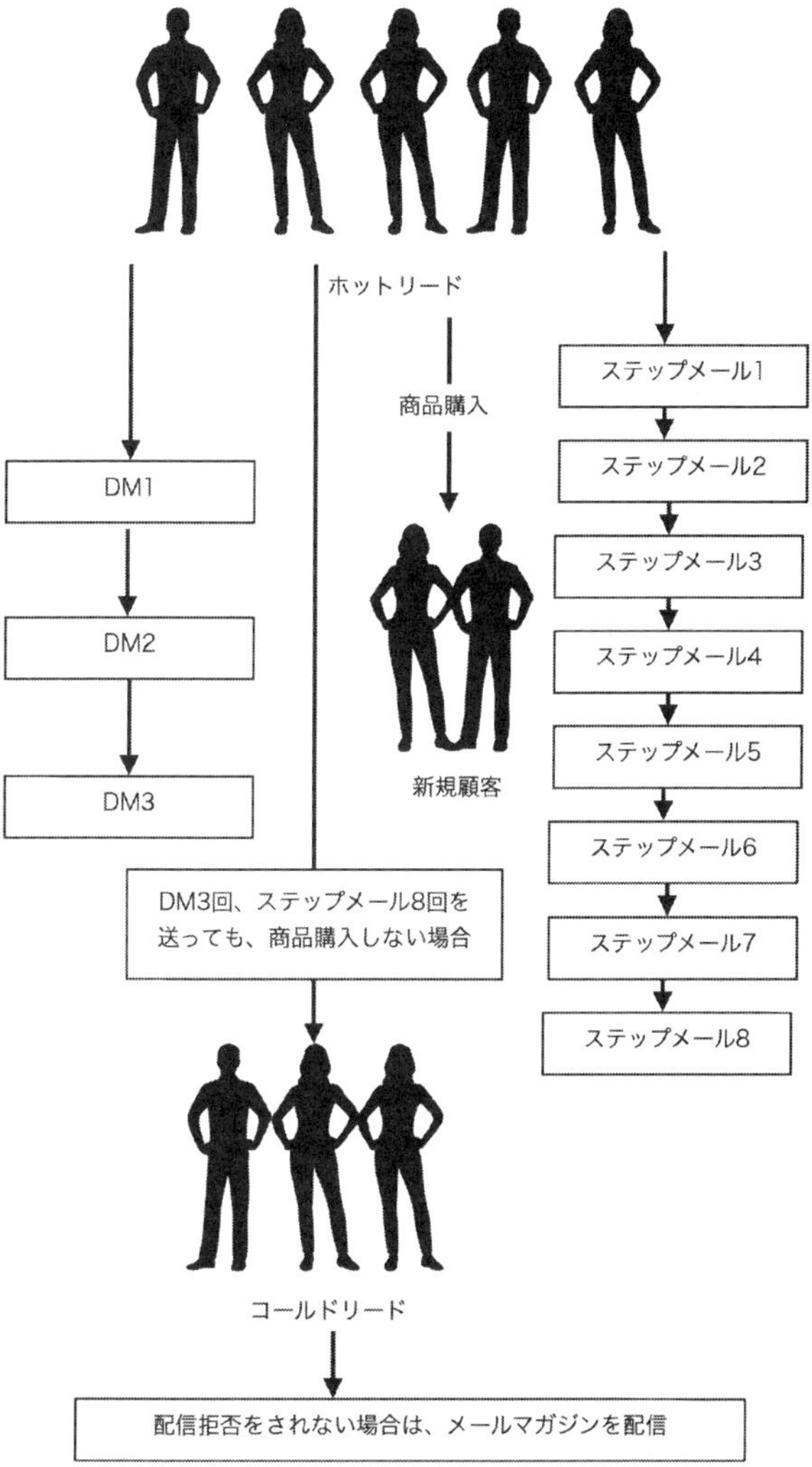

前の章でも解説しましたが、このフォロー内容で新規顧客へのステップアップ率が５％から17％になりました。

この会社の場合、サンプルを発送してから１８０日までに新規顧客にステップアップしない場合は、コールドに認定されます。その後のフォローは、メルマガだけ配信のみになります。

ちなみに、こちらの会社では無料サンプルはホームページ上からの注文のみです。一度、ネット広告で集めてみましたが、広告費をペイできなかったので、ホームページ上で集めた方が効率的と判断しました。

しかし、どうして、無料なのに、ネット広告では集めることができなかったのでしょうか？

私の予測では、競合他社が強すぎたのだと思います。そもそもレッドオーシャンで多数の競合がひしめき合う業界です。無料サンプルのネット広告を始めた時期は、ネット広告のコンバージョンが落ち始めた時期でした。今後はネット広告を根本的に見直さないと、かなり厳しいと感じていた頃です。それに、無料という文字につられて、そもそも興味がないのに、クリックだけした人が多かったのではないでしょうか。したがって、この場合は、ネット広告をする際も、ある程度の価格を付けた方が良いと思います。もちろん、他社との明確な差別化も必要です。

どうして、リピーターが増えないのか？

売り上げを増やすには3つの方法しかありません。それは、「顧客数を増やす」、「リピートを増やす」、「客単価を上げる」の3つです。

この3つのうち、経営者が最も注力しているのは「顧客数を増やす」です。これを最終目標としている会社が多いのです。だから、既存顧客はほったらかしになっています。つまり「釣った魚に餌はやらない。」状態なのです。このような方向性でビジネスをしているのだから、当然ながら顧客情報には目を向けることはありません。これが原因で情報が会社の奥深くに眠ってしまったのです。

別の例えで考えてみましょう。穴の空いたバケツを思い浮かべてください。バケツに水を一杯に満たしたいと思い、バケツに水を入れたとします。しかし、バケツの底には穴が空いていたら、そこから水がどんどん流れ出して、一向に水は貯まりません。この場合、会社がバケツ、水はお客様と考えてみてください。

新規顧客獲得だけに軸足を置いていたなら、「穴の空いたバケツ状態」になってしまっています。

以前は、バケツの穴はそれほど大きくなかったのかもわかりません。また、勢いよく水が出るホースで水を入れていたのです。だから、減っていく水はそれほど気にならなったのです。しかし、数年前にそのホースがなくなり、小さな杓に変わってしまい、バケツの穴も大きくなっていたのです。

そうなると、必死に杓で水を入れても、目に見えて、水の減るのがわかるようになります。

また、そもそも経営者はバケツには穴など空いていないという盲信していたのではないでしょうか。だから情報を粗末に扱っていたのではないかと思います。

つまり、「ウチの商品は良い商品だから、一度、使ってもらえば必ずリピートする。」という盲信です。

私のところにも、同じような相談をよくいただきます。「デパートで売っているものより、ウチの商品の方が品質は良い。一度、買ったお客様は必ずリピーターになってくれるはず。なのに、ほとんどが一度きりのお客様なのです。キャンペーンのDMを送ってもまったく反応なし。どうすれば良いのでしょうか?商品には自信があるのですが…」というご相談をいただいたことがあります。

この方は、自分の会社には穴などは空いていない…はず。と盲信しているのです。

しかし、実際には大きな穴が空いていて、どんどん顧客流出が起こっているのです。

このような状況で苦心している中小企業が驚くほど多くあります。

状況が変わった今、これまでの方法ではダメだということに気づいた経営者は多くいます。しかし、どうすればいいのかわかりません。まず、バケツの穴を塞ぐことですが、穴が空いているのはわかっているけど、塞ぎ方がわからないのです。そうこうしている間もどんどん水は減っていきます。仕方がないので、とりあえず、必死に杓で水を入れるしかないのです。このような状況に陥っています。

さらに、価格競争になってしまい、安価な競合他社の価格に合わせて価格を低く設定してしまう会社もあります。競合他社はその価格設定を見て、さらに価格を下げてきます。まさにイタチごっこになっています。また、集客したいがために過剰な値引きをしてしまう会社もあります。このように、売り上げも利益も減っているのに、さらにそれらを減らしてしまうのです。どんどん負のスパイラルにはまっていきます。

もちろん、新規顧客を増やすことも重要です。しかし、それだけに軸足を置いていてはいつまでたっても苦しい状況に置かれます。したがって、リピートを増やすということも同じように、いや、それ以上に重要だと認識して欲しいのです。

マーケティングで一番重要なことは「時間軸」である

見込み客から新規顧客へ、そして新規顧客からリピーターへ、さらにリピーターからロイヤルカスタマーへ…階段を登るように顧客へのナーチャリングをします。顧客フォローが顧客を後ろから押す役割になるのです。

どうしたら、最も多くのロイヤルカスタマーが生み出されるのかを予測し計画します。そこで最も重要なことは何か?と言われたら…それは「時間軸」なのです。

顧客に対してどのような内容のアナウンスをするのかも重要ですが、それより重要なことは時間です。どのタイミングでアナウンスするのか?がマーケティングにとっても最も重要です。そのタイミングを逃すと、次のチャンスはほぼ無いと思った方が良いでしょう。

現代人は多種多様で大量の情報に日々接しています。そして、様々な場面で常に意思決定をしなければいけません。仕事のこと、家族のこと、将来のこと、人間関係のこと、などなど日々問題が山積みです。そんな中、あなたの会社の商品のことをいつまでも、気に留めているでしょうか?「その時はちょっと興味があった。」「どんな商品だろうと気になった。」という見込み客であっても、数日後は忘れてしまうかもわからない。数ヶ月経つと、まったく覚えていない…というケースは多いのです。

もちろん商品に強烈な印象があり、その人の持つ深い悩みが、その商品によって解決される場合は、いつまでも覚えているということもあるでしょう。

しかし、そのような人はすでに顧客になっているはずです。

そのようなケースは稀なので、商品に興味を持っている間に、何かをしないといけないのです。その何かが顧客フォローなのです。そして興味を持ち続けていただくために、何度もフォローする必要があるのです。

せっかく見込み客を集めたのに、1回だけフォローして、放置すると完全に忘れ去られてしまい、あなたのこれまでの行為は無駄になってしまいます。

見込み客や顧客には興味がある間に、さらに興味を深めていただき、商品や会社に関心を持っていただくことで次のステップアップにつながるのです。見込み客がホットなタイミングを逃してしまえば、次が無いことを肝に銘じましょう。

あるコンサルタントはセミナーで次のように言っていました。「ステップメールを3回以上続けるのは無駄である。あまりにもメール回数が多いと、見込み客からはうっとうしいと思われる。」私はこの考えに反対です。もちろん、うっとうしいと感じる人もいるでしょう。そもそも、そのような人は顧客になる確率が低いのでは無いでしょうか。また、うっとうしいと感じるなら、メール配信の解除をしていただければいいのです。それにより、配信者のリストがより濃いものになるでしょう。

また、そもそも、うっとうしいと思わせるような内容になっていないかを確認する必要があります。独りよがりになっていないか？押し付けになっていないか？売り込みになっていないか？読者に寄り添っている内容になっているか？など内容を吟味する必要があります。顧客フォローはあくまでもフォローに徹することが基本です。

ある期間を過ぎると急激に集客は難しくなる

繰り返しになりますが、マーケティングで最も重要なことは時間軸です。どのような媒体やツールを使ってフォローするか、どのような内容のフォローをするか、これらも重要な要素ではありますが、それより最も重要なのは時間軸です。どのタイミングでフォローするか？ということが最優先なのです。

ところで、この時間軸の考えでは、ある期間を過ぎると急速に集客は難しくなるポイントがあります。前述しましたが、そのポイントとは見込み客が、あなたの会社や商品に興味が無くなったというより、むしろ忘れてしまったときです。

先ほども解説した通り、高額商品になればなるほど、そのポイントは遅くなるでしょう。なぜなら、高い買い物をするかも分からない時は、悩む時間も長く、その悩みも深いからです。
高価な商品を買うという動機付けには、その商品により、何らかのニーズやウォンツを満たすことや、不安を解消するためです。その「満たすこと」「不安の解消」はその人にとってとても大きな問題であるからこそ、高いお金を出すかどうかを決めかねているのです。逆に単価が低い商品は、それほど、深いニーズ、ウォンツ、悩みでは無い場合が多いでしょう。だからこそ、忘れるタイミングは早くなります。

これらの考えは、あくまでも一般論ですから、当然、それに該当しない人もいます。つまり、これも統計で言うところの一種の外れ値のようなものだと思います。
忘れ去られてしまうと集客するチャンスはほぼありません。だから、忘れられないようにすることが最も重要なことなのです。そのためには定期的に顧客と接触をすることが必須です。しかしながら、そのための費用や手間がかかってしまいます。

しかし、顧客離れを防ぐためにそれは必要なことなので、しっかりとフォロー計画を行い、準備する期間が必要です。準備している間も顧客は、どんどん離れていきます。

そのような理由から、それほど準備に時間がかからないメルマガだけは最低限、継続的に配信する必要があります。

私がコンサルティングしてきた会社には、必ずこのことをお伝えしています。しかし、残念なのは、私のコンサルティングが終了した会社の中で、いつの間にかメルマガ配信を辞めてしまうケースがあります。

もちろん、メルマガを配信するのは手間がかかることは承知していますが、最低限、これだけは続けていただきたいのです。メルマガを配信しなくなれば、もう、接触する機会がまったくなくなる見込み客が大勢います。せっかく、集めた見込み客です。その苦労やお金を、少しでも無駄にしたく無いものです。また、メルマガは一旦配信を止めてしまえば、再開するのが難しくなります。なぜなら、あなたの会社や商品をすでに忘れてしまっているのに、知らない（覚えていない）会社からいきなりメールが届くとなると、迷惑メールという認識になり、多くの解除希望があると予測されます。だからこそ、継続こそ力という言葉を肝に銘じて欲しいのです。

士業やコンサルタントなどのBtoBの方からは、「メルマガを配信しなさいと言われても、登録されたメールアドレスがないので、どうしたらいいでしょうか？」と相談されることがありました。その場合は、手間がかかりますが、ひとまず、これまで名刺交換した方の名刺のメールアドレスを入力し、そのメールアドレス宛にメルマガを配信すればいいでしょう。

その後は、ホームページでメールアドレスを収集するようにします。（収集方法は後の章で詳しく解説します。）

ちなみに、ＬＩＮＥを使った伝達方法も盛んに行われるようになってきました。メルマガより開封率が高いとのことなので、メルマガと併用しても良いと思います。ただし、始めた以上は続けることに意味があります。必ず継続してください。

どの方法で顧客に伝えるのが一番いいのか？

顧客と接触する方法としては、「実際に会う」「電話する」「ＤＭを送る（ＦＡＸＤＭも含まれます）」「メールする（ＳＮＳやネット上の接触も含まれます）」この中で訴求力は、「実際に会う」が一番強く、電話、ＤＭ、メールの順番に訴求力が下がっていきます。

逆に訴求力が強ければ強いほど、顧客にとっては負担を強いられる接触になります。つまり、実際に会うには、その人（例えば営業マン）に時間を奪われることになり、顧客側から欲していない場合は、顧客は大きなストレスを感じます。

逆にDMやメールは無視してゴミ箱に捨てればいいのであって、顧客はうっとうしいとは感じるものの、それほどストレスは感じないでしょう。

このように考えると、実際に会うことは顧客にとってハードな接触方法であるので、まだ顧客との関係性を築けていない場合は、顧客にとっては迷惑に感じる可能性が高いでしょう。後々、良好な関係性を築いてリピーターやロイヤルカスタマーになっていただきたいので、見込み客や新規顧客の段階では、できるだけ顧客にストレスを与えるハードな接触は

顧客との接触方法

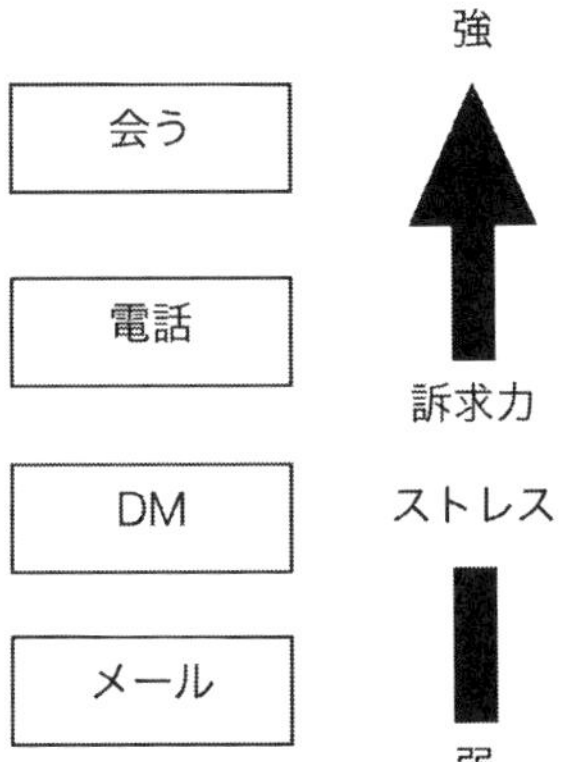

訴求力が強いほど、顧客が感じるストレスが強い。
しかし、ロイヤルカスタマーなど、ロイヤルティが高い顧客は、
関係性が構築できているので、ストレスは少ない。

避け、ＤＭやメールなどソフトな接触をすべきです。

それとは逆に信頼関係ができているロイヤルカスタマーには、できるだけハードな接触をする方が良いと思われます。しかし、通販のように顧客対象が日本全国の場合、実際に顧客に会うことは現実的でありません。したがって、個別に電話やＤＭ（一斉におくるＤＭではなく、パーソナルな内容のもの）で対応する方が良いでしょう。

ある有名通販会社は季節の変わり目に、ロイヤルカスタマーに電話をしています。売り込みの電話ではなく、季節の変わり目で体調などを気遣う内容の電話です。それにより、よりロイヤルカスタマーのＬＴＶが高まります。

ＬＴＶとはライフタイムバリュー（Life Time Value）の略です。顧客生涯価値とも言います。一人の顧客が、生涯にどれだけの価値を生むか、つまり、どれだけの商品やサービスを購入し利益をもたらしたかの総額になります。

顧客の生涯と言っても、実際に計算する場合は、一生涯の計算をすることはなく、1年間や3年間などの期限を区切って計算することが多いです。

通常の場合、通販会社が直接、顧客に会うことはありませんが、私がコンサルティングしていた通販会社はロイヤルカスタマーを東京のホテルに招待しました。

ロイヤルカスタマーに対しては、実際に会うことにより、さらにロイヤルティが高まるからです。

そこでは、商品の使用方法を実践したり、新商品のプレゼントをしました。

また、簡単な食事会も開きました。これにより、それまで顔を見ることがなかった顧客や販売者と会うことになりより親近感や信頼感が生まれます。さらに顧客同士のコミュニティも生まれました。コストはかかりましたが、よりＬＴＶが高まったことは言うまでもありません。

このように、その顧客がどのようなステージ（クラスター）に分類されるかで、接触方法は変わってきます。

また、一部では「新規顧客はホットなので、その時点でハードな接触（売り込み）をして、直ぐにリピーターにすべき。」と主張する方がいます。ある意味、そういう側面もあるでしょう。

しかし、私はこの考えには反対です。なぜなら、私たちは一人でも多くの顧客にロイヤルカスタマーになって欲しいからです。そのためには、徐々に信頼性を築くことが重要です。まだ関係性が気薄な顧客に対し拙速な行動は、相手に不信感を抱かせかねません。自分に置き換えるとよくわかります。1、2回会っただけの人に、妙に親しくグイグイと積極的に接触されると逆に引いてしまいますね。同じことが顧客との間で起こる可能性が高いのです。その反対で、最初は会って会釈するだけの関係でも、それが何度か続くと、言葉で挨拶するようになります。そして、それが続くとやがて日常会話を交わすことになるでしょう。このように、人対人の関係性構築は徐々に築き上げていくものなのです。

見込み客の行動パターンはこれだ

見込み客が新規顧客になるには、どういった行動をするのでしょうか?

マーケティングは時間軸が重要なので、ホットな時期に適切なフォローをした場合、当然ながら見込み客から新規顧客になる可能性が高いです。実際に、ある会社のデータを見ると、次のような結果になりました。

本商品を購入した日（新規顧客になった日）からサンプル品を購入した日（見込み客になった日）を引くと、（サンプル数は3807名でした）平均値は118日、中央値が17日、最頻値が14日でした。この場合でも外れ値が平均値を大きく押し上げているのがわかります。したがって、平均値で判断すると誤った見解になってしまいます。この場合は、最頻値を採用するのが妥当でしょう。

この結果より見込み客は2週間後に新規顧客になる場合が多いのです。この2週間できっちりと顧客フォローを計画し、管理運用することが新規顧客を増やす方法です。ただし、平均値と最頻値の乖離が大きいということは、データがかなりばらけていると言えるので、15日経過した見込み客は、すぐに「コールド」になるということは言えません。

また、データを見ると最頻値が14日でしたが、その次に多い値が7日目でした。つまり、見込み客になってから1週間で新規顧客になるケースも多いのです。

このことから、見込み客になってからの早いタイミングでのフォローがかなり重要だということがわかります。最初の1週間そして、2週間までのフォローは、ザイアンスの法則に沿って頻繁にフォローする必要があります。（ザイアンスの法則とは単純接触効果とも言います。第8章で詳しく解説します。）ただし、何度も言っていますが、最初はできるだけ売り込みは避けるべきです。また、顧客に寄り添う内容になっているか、売り込みではなくお勧めという感覚の文章になっているか、どうして、お勧めするのかという明確な理由があるか、この辺りを十分チェックする必要はあります。また、毎日メールを配信するのもやめたほうが良いでしょう。私は市場調査のために、多くの同業者のステップメールやメルマガに登録しています。その方々の中で、メールを毎日送っている方がいます。

私もそうなのですが、多くの顧客はそもそも、それほど暇ではないので、毎日となると、読む気を削がれます。また、あまりにもグイグイ押されている感じがあり、かえって離れていくでしょう。

ボーイズ・ガールズの法則というものがあります。男の子が好きな女の子を追いかければ、女の子は反射的に逃げてしまうという法則です。つまり、あなたが追いかければ、追いかけるほど、顧客は反射的に逃げてしまうのです。

例えば、少し興味があった商品があったとします。営業マンが何とか売ろうと積極的に営業をしてきました。「いや、ちょっと興味があっただけで…今はそれほど必要ないかも。」と思っていても、しつこく営業してくる。このような場面を思い浮かべていただければ、顧客がどうして離れていくのかがわかると思います。

ところで、人は商品を買う、サービスを買うといった行動の判断基準はどこにあるのでしょうか。

それは、決して「売り込まれたから仕方なく買った。」というのではないでしょう。「自分が納得した上で、自分の意思に基づいて買った。」となるはずです。一方的な売り込みの内容である広告、ＤＭ、メールや電話は、最も「売る」という行為から逆行しているのです。

これは売る立場からすれば「どうしても売りたい。」という気持ちが先行してしまい「買って！」という内容を前面に押し出しています。そうすると本能的に逃げてしまうのです。

そうです、顧客の立場を無視しているからこのような事態になるのです。

つまりここでのポイントとなるのは、始めから売らないということです。

私の経験をお話ししましょう。私は車が欲しくて、車を見に行きました。当時は、車にそんなにお金をかけたくなかったので、中古車販売店に行ったのです。

そこには、以前から私が欲しいなと思っていた車種があり、金額的にも予算範囲内でした。

「これで、いいのではないかな？」と思っている時に、中古車販売店の営業マンが近寄ってきて、あれこれと説明し出したのです。そこまでは良かったのですが、その営業マンがどんどんボルテージを上げてきて、必死に営業し出したのです。絶対にこの客を逃さないぞ、といった態度でした。その態度に、私は一気に冷めてしまい、買う気持ちがなくなったのです。

そして、「やっぱり、今日は買うのをやめます。」というと、その営業マンは怒り出したのです。私はその営業マンの態度の変貌ぶりに驚いて、慌ててその店から逃げ出しました。

営業マンは、その車の説明など情報提供だけでよかったのです。売る気持ちが先行して、売り込みは激しくなると顧客は逃げることを理解していなかったのです。

それ以降、私はその中古車販売店に2度と行くことはありません。

このように売りが先行した内容になっていないかなど、フォローする文章の内容に十分気を使ってフォローをすることを心がけてください。

また、ホットな時期にステップメールだけでなく、ＤＭを組み合わせて発送することも忘れないでください。ここでは「費用がかかるから…」と尻込みしないでください。新規顧客になるかどうかは、ここが勝負どころなのですから。

パターンを知れば、見込み客がスムーズに既存顧客になる

それでは、実際にどのように見込み客から新規顧客にステップアップするのか？どのような内容のフォローをするのかについて解説します。具体的な見込み客フォローをどうするのかについて事例を挙げます。ただし、これは商品によってもタイミングや内容は変わってきますので、大体のイメージを掴んでいただければと思います。

まず、ステップメールからです。見込み客になってから1日目のメールは、顧客が手にしたサンプル品が、どのように誕生したのか、どのような経緯で販売できることに至ったのか、などについての苦労話、こだわりなどについての内容になります。

2回目のメールは、1回目のメールの続きの内容になります。販売開始時期の苦労話や、顧客の反応などについての内容です。

注意していただきたいのは、ここまでは売り込みは一切ありません。

3回目のメールはこの商品を使用したお客様の声をいくつかピックアップした内容です。このメールからクーポンなどの特別価格での案内をさりげなくします。

4回目のメールは、社長のパーソナルな内容になります。どうしてこの会社を立ち上げたのか、どんな人生を歩んできたのか、どのような使命を感じて会社を経営しているのかなどの内容です。

このメールでもさりげなくクーポン、特別割引の内容が入ります。

5回目のメールは、お客様を気遣う内容のメールです。使い方などわからないことがないかなどの問い合わせは、いつでもお気軽にご連絡くださいといった内容と、商品を使ったお客様の声の内容です。クーポンなどの特別価格の期限についての「あと何日です。」というカウントダウンが入ります。

このような内容でステップメールを設定します。

なお、今回は5つまでのメールですが、実際はもう少し長いステップを組んだ方が良いでしょう。新規顧客になるまでの平均日数118日ですので、かなり期間を置いてから新規顧客になる方も、少なからずいるからです。

また、ステップが進むにつれ、別の商品をお勧めするのも良いでしょう。次にDMでのフォローについて解説します。

3回目辺りのステップメールの後に届くように、1回目のフォローDMを発送します。内容は「メールを何度か送りましたが、見ていただけたでしょうか？」などの旨の内容から始まり、メール内容のインパクトの大きい部分の内容をピックアップします。内容の最後はクーポンのお知らせをします。

その後、最低でも2、3回のフォローDMを発送するといいでしょう。内容については、ステップメールの内容と連携するようにします。ある大手の通販会社では5から6回のフォローDMを送る場合が多いです。

第7章

新規顧客をリピーターにするための統計学

マーケティングのためのデータマイングとは

データマイニングについては第3章でも少し触れましたが、バラバラのビッグデータを分析して何らかの関連性を見つけ出すことです。

「ある米国のスーパーマーケットが販売データを分析した結果、顧客はおむつとビールを一緒に買う傾向があることがわかった。」という内容はデータマイニングという言葉を有名にしました。

この結果を踏まえ、紙おむつの近くにビールを陳列したら、売り上げが増えたとのことです。

このように、データマイニングによって大量の販売データから、予測をしていなかった関連性を発見することができます。

ただし、この「ビールとおむつ」は有名な話ですが、実際はこの分析は行われた事実はないという説が一般的であり都市伝説化されています。

マイニングとは日本語では「採掘」という意味です。ビットコインでマイニングという言葉がよく使われていました。これはビットコインでの取引情報のコンピュータ処理をして報酬を得ることを言うのですが、データマイニングでも、同じように大量のデータを処理します。しかしながら、中小企業にはそのようなシステムもリソースもありません。大量のデータも蓄積していないでしょう。

そこで、本来のデータマイニングとは少し意味が違ってくるかもわかりませんが、中小企業でも過去の売上データは残っているはずです。そのデータを分析することで何か売り上げに結びつく関連性が見つかるかもわかりません。

過去のデータから予想をしていない関連性を見つけることは、今後はますます重要になるでしょう。「ビールとおむつ」ほどの意外性はないですが、私も過去の膨大なデータを分析して、予測とは違う意外な傾向がわかったという経験があります。

それは、化粧品通販で販売データを多方面からデータ分析した時のことです。そこで意外だったのは支払い方法に関しての傾向でした。過去の販売データから抽出したのは、毎月お届けする定期販売コースのデータでした。

私の予想では、「支払い方法が代金引換（代引き）のお客様は、クレジットカード支払いのお客様より継続期間が短い。」という考えでした。なぜなら、代引きの場合、毎月、商品を届くたびに財布を開いて現金を渡すからです。財布を開いて現金を渡す行為は「実際にお金が減る。」という実感があります。しかし、クレジットカードで支払っていると、商品が送られる前に自動的にカード決済しているので、実際にお金を支払っている感覚がやや希薄と言えるでしょう。

そこから導き出す予測は、「クレジットカード支払いより、代引きの方が長く続かない。」と考えました。ところが結果は「クレジットカードと代引きでは、継続期間に変わりがない。」という結果だったのです。

この結果を踏まえずに、「代引きのお客様を積極的にクレジットカード支払いに変更するよう誘導しよう。」としていたら、どちらにしても継続期間は変わらないので、余計なマーケティング費用だけがかかってしまうという結果になったでしょう。また、仮にこのまま続けるかどうかを悩んでいるお客様がいた場合、こちらから「支払い方法を変えませんか？」と接触すると「連絡いただいて、ちょうど、良かった。やめようかと考えていたところでした。一旦、やめます。」ということにもなりかねません。つまり、やぶ蛇になってしまう可能性もあります。

さらに、クレジットカードを使うことを毛嫌いしているお客様もいるので、その方々から反感を買う可能性もあります。


このように過去のデータを分析すると意外な事実がわかり、その事実にあったマーケティング施策をするべきなのです。

顧客をクラスター分析する必要性

私は、「ワン・ツー・ワン・マーケティング」が、マーケティングの中で最強だと確信しています。

「ワン・ツー・ワン・マーケティング」とは、個対個、つまり、だれかれ関係ない、十把一絡げの対応ではなく、特定の個人に対してのアナウンスであったり、情報提供などを行うマーケティングです。

なぜ、「ワン・ツー・ワン」が最強なのでしょうか。一人ひとりにあった個別の対応をすることによって、「自分のことを考えて、自分だけに言ってくれている。」という気持ちを抱くようになるからです。

例えば、全顧客にキャンペーンのDMを送ったとします。DMを受け取った人は、「このDMは私のためだけに送っている。」とは絶対に思わないでしょう。一般的に、「私以外にも大勢の人に同じものを送っているはずだ。」と思うのが普通の感覚です。

だから、全顧客に同じ内容のDMを送っていては、その顧客とは個人的な繋がりはできません。初めから「広告」と思われてしまい、顧客は内容を真剣に読もうとも思わないでしょう。むしろ、まったく内容を見ないままに、ゴミ箱行きになるのが落ちです。

ところが「ワン・ツー・ワン」の場合には、その個人にあった内容のDMを送ります。つまり、顧客にとって「あなただけにこの手紙を出している」という感覚で接することになるので、顧客は読まざるを得なくなります。何か私に宛てた重要なことが書いているかもしれないと気になってしまうこともあるでしょう。また、何か私に興味のあることが書いているだろうと思う人もいるでしょう。したがって、そう簡単にそのままゴミ箱行きにはならないのです。

もちろん、あなただけにこの手紙を送っていると顧客が思うには、それなりのフォーマットや内容にしないといけません。なぜなら、顧客はこれまで多くの会社から、十把一絡げにした売り込みＤＭを送られ続けているからです。したがって、顧客はＤＭといえば「迷惑で一方的な売り込み」と刷り込まれています。その思い込みを覆さないと、ワン・ツー・ワンの目的は達成できません。

そのために方法はいくつかあります。例えば、普通に企業から送られてくるような封筒ではなく、個人から個人へ送られているような封筒であったり、宛名を手書きで書くなどです。「顧客は多いので、いちいち手書きで書けない。」と反発する意見も多いと思いますが、そこは工夫して下さい。例えば、毎日、少しずつ送るとか、どう見ても手書きに見えるフォントを使うなどです。

また、ＤＭの内容に関しては、その顧客に合った内容にしなければなりません。例えば、いつ何をこの顧客は購入され、その時はどのようなやりとりがあったかなど、その顧客でしから分からない情報を入れることが必要です。

例えば、DMの話ではないのですが、(実際に中小企業などでマーケティングとしてのワン・ツー・ワンのDMを実行している会社は少ないと思います。)私の経験で次のようなことがありました。和歌山県のあるラーメン屋さんでお持ち帰りのラーメンを注文しました。夏だったので、自宅が遠方であれば、商品が悪くなるので、店の主人は「家はどこか?」と私に聞きました。私は奈良県に住んでいたので、「奈良です。」と答えました。主人は保冷剤をいくつか袋に入れてくれました。そして、翌年の夏も同じように持ち帰りのラーメンをその店で購入しました。

そうすると、私は何も言わないのに、「あんた、奈良やったな。」と言って保冷剤を入れてくれたのです。私は常連客ではありません。1年に1回来るかどうかのお客です。それでも、私のことを覚えてくれていたのです。このような対応が、ワン・ツー・ワンの状態を作るのです。

DMでも同じようなことができます。例えば、次のような内容も考えられるでしょう。

> 先月の18日に、鈴木様が当店で、A商品をご購入いただきました。その節はありがとうございました。その際、鈴木様は小学生のお子様とご一緒でした。お子様はとても楽しそうに店内を見て回られておりました。あれから、当店ではさらに商品を充実させております。お試しコーナーも広くなり、全ての商品をお試しいただけます。また、ぜひお子様とご来店お待ちしております。お子様も前回よりもっと楽しんでいただけよう頑張っております。
> 私たちスタッフは鈴木様のご来店を笑顔でお待ちしております。

もちろん、このような内容のDMを作成するには、データベースにその情報が蓄積されている必要があります。

データベースには、最低限、顧客基本情報と購買履歴情報が必要です。さらに顧客といつどのようなやりとりがあったか?など特に特徴的な事柄を簡単に入力できる「インタラクティブ情報」もワン・ツー・ワンを実現するには必要です。

データベースのインタラクティブ情報

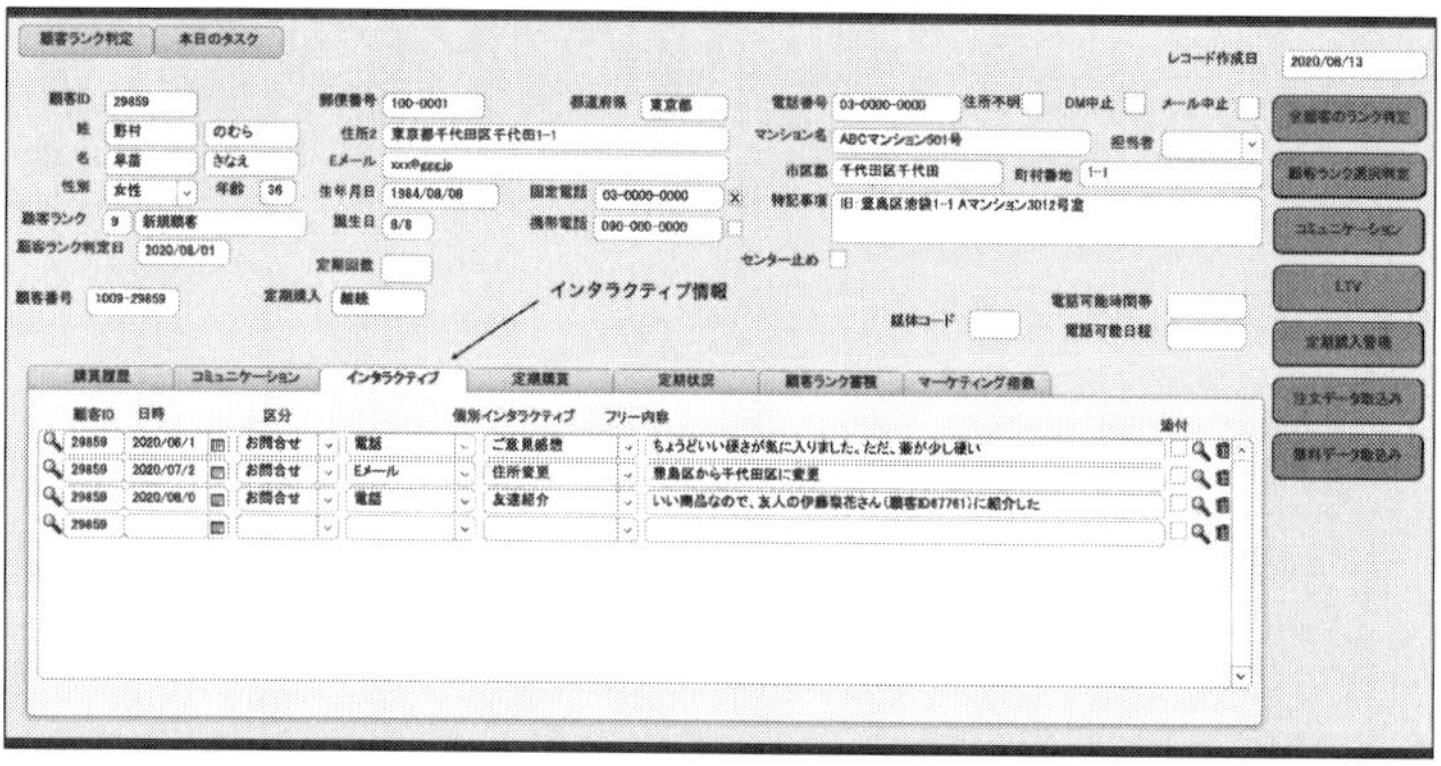

また、8割以上がリピートすることで注目されている、ある旅館では、顧客が宿泊された際の情報を詳細に記録しています。例えば、食べ物や飲み物の好み、それ以外にも気づいた情報は様々、記録していて、次回の宿泊の際には、顧客が何も言わなくても、その顧客に合わせた食事やサービスの提供をしています。顧客はとても気持ちよくその宿で過ごすことができ、また来たいと思うのです。さらに、常連客には定期的に女将が手書きのDMを送っています。そこには女将と子供の写真を同封して、比較的に空いている日を示したカレンダーも同封しています。さらに、捨てられにくいように厚紙を使用しているそうです。

この旅館ではマーケティングとしてのCRMシステムを使っていないと思われますが、実行していることはワン・ツー・ワン、そのものです。

最も重要な点は、「個人的な繋がり」を作ることができることです。個人的な繋がりを構築できると、顧客からの信頼度、親近感も高まります。ひいてはリピートに繋がるのです。

このように「ワン・ツー・ワン」は最強なのですが、数十人程度の規模の顧客しか抱えていない場合は、中小企業でもなんとかリソースをやりくりして対応可能でしょう。しかし、数千、数万などの顧客数になってくると、個別対応はほぼ不可能になります。インターネット通販のアマゾンのようなシステムを持っていれば、システム的には可能ですが、多くの中小企業で、そのレベルのシステムを構築するのはまず不可能です。

しかし、どのような会社であっても「ワン・ツー・ワン」に近い対応ができる方法があるのです。

それが、顧客をクラスター分析する方法です。2020年に新型コロナウイルスの流行により、クラスターという言葉がテレビのニュースや新聞で見かけることが多くなりました。この場合のクラスターとは「集団感染」のことです。クラスターの本来の意味は「房」や「群れ」という意味です。統計で言うところのクラスター分析とは、似た者同士をグループ化する分析手法です。つまり、クラスター分析により似た顧客をグループ化して分類し、グループ別に個別対応を行えばよいのです。通常、1000人顧客がいれば「ワン・ツー・ワン」では1000種類の対応をしないいけないのですが、グループ化するとグループ別の対応だけですむので、数種類程度の対応内容を考えて対応すればいいことになります。

もちろん、ある程度のグループに分けるのですから、前述したDMのような極めて個人的な情報に沿った内容にはならないです。しかし、そのクラスターの持つ特性に合わせた内容にすれば、ワン・ツー・ワンに近い内容にできます。例えば、A商品を購入したクラスターがあれば、その内容のDMを届けることは可能です。

ちなみにアマゾンのシステムは良くできた「ワン・ツー・ワン」の仕組みと言えます。しかしながら、最大の弱点は人間味がないことでしょう。つまり、機械的に情報提供していることが誰の目にもわかっていることです。なので、「ワン・ツー・ワン」と言っても人間的な感情の繋がりができないので、顧客はあくまでも自分に合った情報提供してくれる便利な仕組み程度の認識しか持てないのです。つまり、顧客との個人的な繋がりを持つためには、人間味が必要です。これは機械にはできないことなのです。CRMのシステム自体は、いわゆる機械です。ですが、ある程度、システムが管理運用しても最終的な出口、つまり顧客との対応は人間がすべきなのです。それをすることで、本当の意味での顧客との関係性が構築できるのです。

クラスター分析で売り上げを増やす

中小企業で必ず蓄積されているであろうと思われるのは、売り上げのデータです、紙の状態であっても過去の売上伝票が残っているはずです。まずは、それをデータベース化します。データベース化にはそれなりの知識とスキルが必要です。マーケティングに必要なデータベースを構築するには、顧客基本情報と購買履歴情報（売上伝票）のデータを別の入れ物に入れます。

別の入れ物とは、例えばエクセルではシートを分けると言うイメージです。

それを顧客別のユニークな（重複しない）数値などでリンクさせる必要があります。ユニークな数値とは、一般的に言えば顧客ＩＤです。

データベースの構築方法については後の章で詳しく解説します。

データベースには顧客の氏名、住所、電話番号、メールアドレスなどの基本的な情報があり、売上伝票には購買日、商品名、数量、商品単価、合計金額などの情報があります。

これらの値を組み合わせて、クラスター化します。通常ですと、顧客の趣味嗜好、収入、職業、家族構成などの情報があればさらに詳細で効果的なクラスター化ができます。しかし、実際に中小企業でそのようなプライバシー情報を入手して蓄積している会社は、ほぼないでしょう。もし、データベースにそのような情報項目があったとしても、虫食い項目となっている場合が多くてクラスター分析を行うことは適当ではありません。

したがって、100%充足している情報項目でないと正確なクラスター分析できないのです。では、充足率100%の項目とは何でしょう。…購買日、購買金額、顧客IDと伝票コード（伝票別のユニークキー）です。これにより、顧客別の購買合計金額、リピー

	A	B	C	D	E	F
1	顧客ID	顧客姓	顧客名	郵便番号	都道府県	市区町村
2	29859	野村	早苗	100-0001	東京都	千代田区
3	29860	柳	沙知絵	655-0852	兵庫県	神戸市垂水区
4	29861	仲村	淑子	590-0138	大阪府	堺市南区
5	29862	美波	京子	359-1161	埼玉県	所沢市
6	29863	吉中	梨花	179-0082	東京都	練馬区

顧客IDで顧客基本情報と購買履歴情報をリンクする

	A	B	C	D
1	伝票ID	顧客ID	購買日	商品名
2	D2200100	29859	2009/10/1	ナイトクリームA
3	D2200101	29860	2009/12/22	ビューティーソープA
4	D2200102	29863	2014/7/1	ナイトクリームA
5	D2200103	29859	2018/11/19	ビューティーソープA

ト回数、顧客期間がわかります。

このデータがわかると、今まで1回しか購買していない顧客は新規顧客であり、2回以上購買した顧客はリピーターであることがわかります。これだけでも2つのクラスターができます。さらに、リピーターでもリピート回数、購買合計金額、顧客期間でさらに分類化するといくつものクラスターができます。（詳細の分類方法は後ほど詳しく解説します。）

クラスター化するための基準はこのように作る

クラスターに分類するには、そのクラスター特有の性質を把握する必要があります。例えば、顧客期間が短い、新規顧客はどのような性質を持っているのか、などです。これはテストしてもわかりますが、一般的に新規顧客は、まだ商品に対する深い知識がなく、会社や商品に対してのロイヤルティが低いのです。ロイヤルティとは「忠誠」という意味ですが、マーケティングでは商品や会社への愛着やファンという意味で捉えられています。また、ロイヤルティが低い状況では、比較的、価格に敏感です。つまり、クーポンなどの割引に反応しやすいのです。逆にロイヤルカスタマーのようにロイヤルティが高い顧客は、価格よりも優越感を満たされる方が反応は高まる傾向があります。このようにクラスター別の性質を把握することにより、どのようなマーケティング施策をすべきかが明確になります。

会社に蓄積されているデータに、購買日、購買金額、顧客ID、伝票コードがあればクラスター化できます。もちろん、購入した商品別でもクラスター化は可能です。しかし、そこまで踏み込むと複雑すぎて、これから行うクラスター別顧客フォローの計画が立てるのが難しくなります。

基本的にクラスター化は単純化した方が顧客フォローをすることが容易になります。しかし、あまりにも単純化し過ぎると、クラスター化した意味がなくなります。つまり、単純化クラスター別の顧客フォローをしても効果が期待できません。クラスター分析する意味は、前述した通り、ワンツーワンを現実的なものにするために行なっているのですから。

また、先ほどは「購入した商品別のクラスター化は複雑になり過ぎる。」と言いましたが、実際は、クラスターとは別に、購入商品別顧客フォローは個別に行います。

例えば、A商品を購入した新規顧客には、B商品のクロスセルを促進するDMやメールなどは個別に計画して実行します。（後の章で詳しく解説します）

私が行なったクラスター分析の実例

私がある通販会社で行なったクラスター分析の実例を紹介しましょう。

まず、購買履歴1回のみの顧客は「新規顧客」、そして、2回以上の購買履歴がある顧客はリピーターですが、リピーターを4つのクラスターに分けました。まず、顧客期間が6ヶ月以内の顧客は「初期顧客」としました。購買合計金額が6万円以上、かつ、顧客期間が1年以上を「準ロイヤル

顧客クラスター分析の例

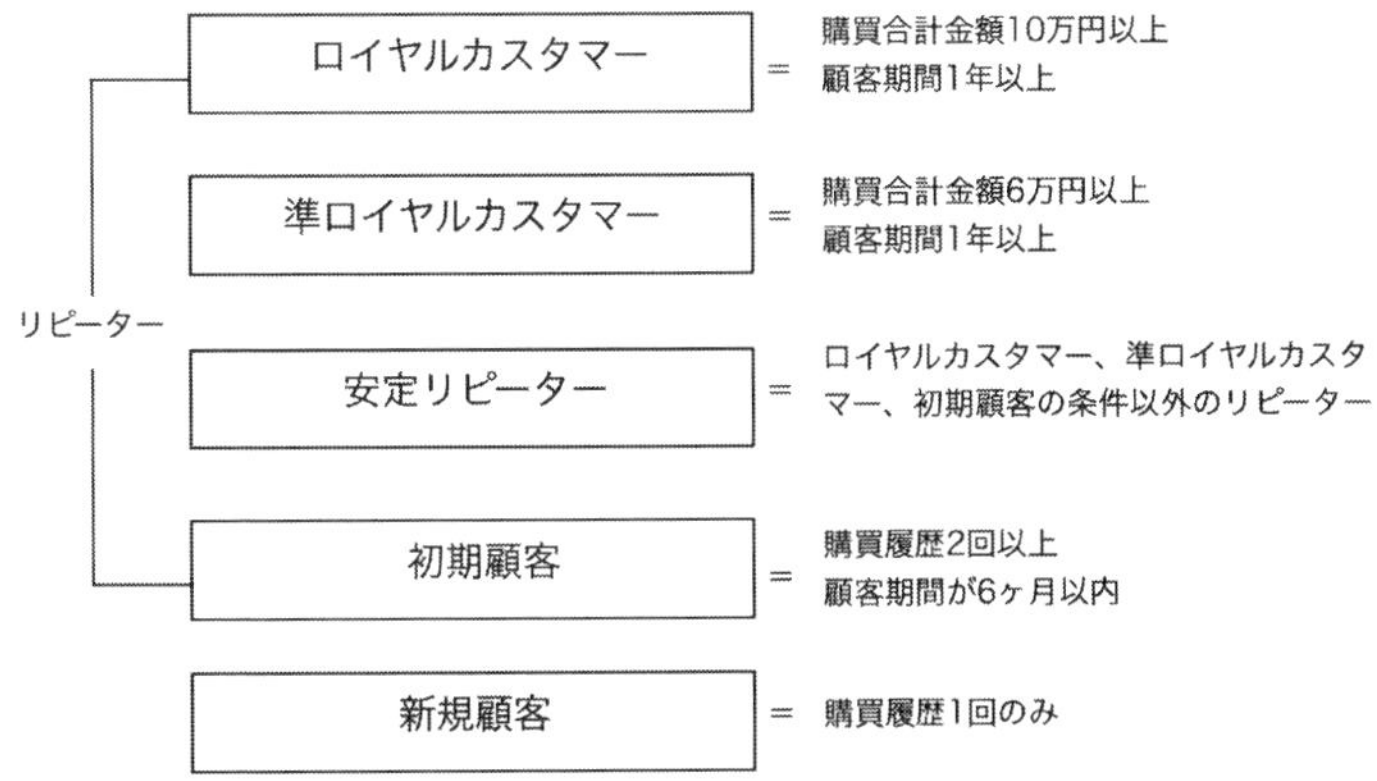

リピーター
ロイヤルカスタマー
＝
購買合計金額10万円以上
顧客期間1年以上
準ロイヤルカスタマー
＝
購買合計金額6万円以上
顧客期間1年以上
安定リピーター
＝
ロイヤルカスタマー、準ロイヤルカスタマー、初期顧客の条件以外のリピーター
初期顧客
＝
購買履歴2回以上
顧客期間が6ヶ月以内
新規顧客
＝
購買履歴1回のみ

カスタマー」、購買合計金額が10万円以上、かつ、顧客期間が1年以上を「ロイヤルカスタマー」としました。リピーターであっても、この3つのクラスターの条件に合わない顧客を「安定リピーター」としました。

これらの条件を設定した理由は、メインの商品が約1万円の定期購入商品だったからです。もちろん、それ以外にもいくつも商品がありましたが、このメイン商品を準フロントエンド商品としていたからです。準フロントエンド商品としたのは、最終的に売りたい高額商品があるためです。準フロントエンド商品を7回リピートすることを目標として全体のマーケティング設計をするために、このような条件設定をしました。

さらに、最終購買日より180日を経過している顧客は、それぞれのクラスターの離脱顧客としました。つまり、新規顧客の状態で180日経過している場合は、「離脱新規顧客」として新規顧客とは別のクラスターにしました。これは、現状で既存顧客と言っていい顧客数を把握するためです。現役顧客とも言います。離脱顧客は休眠顧客とも言いますが、私は離脱顧客と呼んでいます。

なぜなら、休眠だと眠りから覚めるような印象がありますが、一旦、離脱すると、顧客として戻ってくる確率はかなり下がるからです。ちなみに、新規顧客で離脱した場合とロイヤルカスタマーで離脱した場合の顧客として復活する確率はかなり違います。

離脱ロイヤルカスタマーの方が復活する場合が多いのです。それは、ロイヤルカスタマーの場合は、すでに良好な関係性が構築できており、こちらからのアプローチ次第で

顧客クラスター分析の例

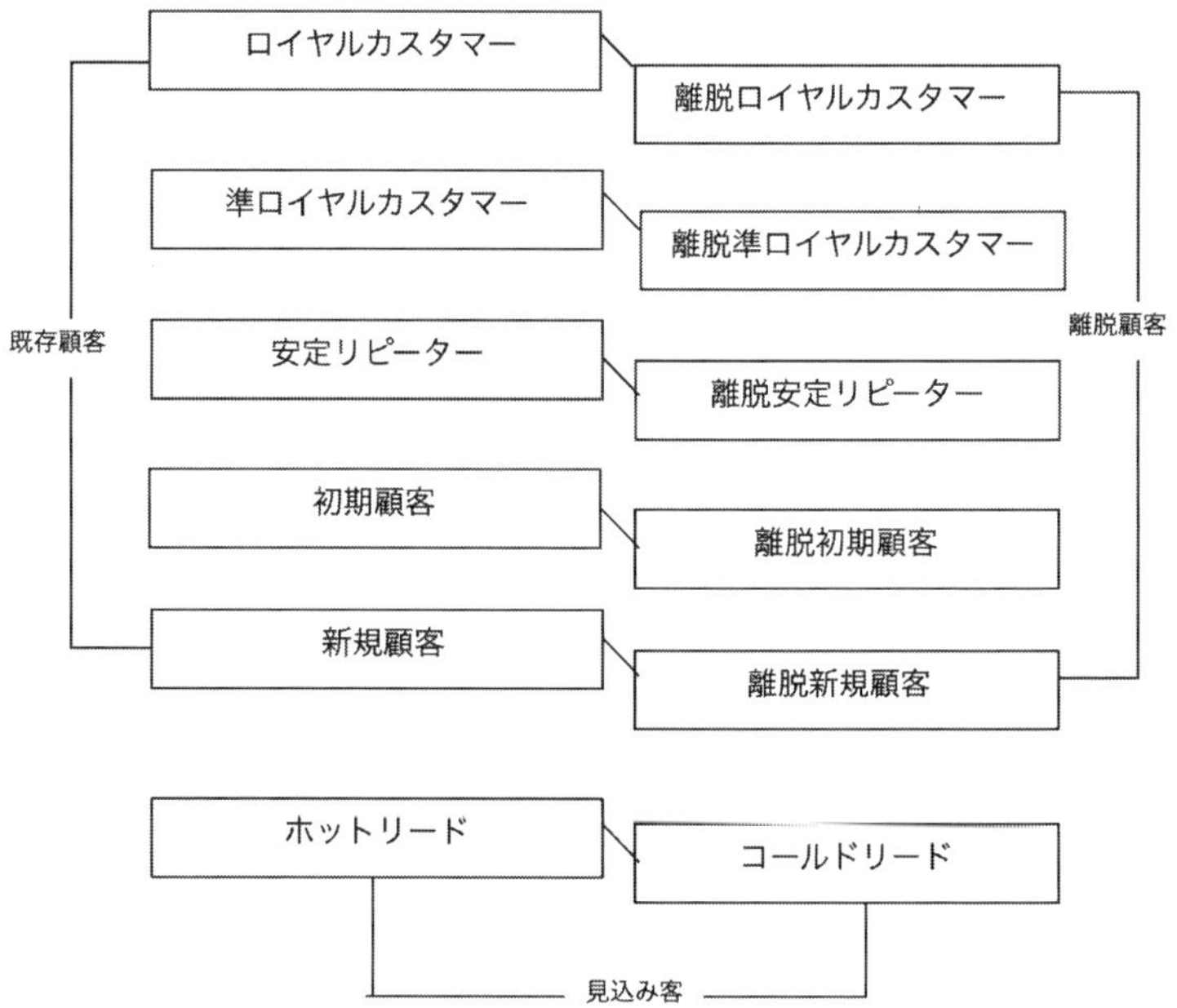

は復活する下地があるからです。

さらに見込み客のクラスターも設定します。見込み客になってから60日経過しても顧客にステップアップしない場合は、「コールドリード」、60日経過していない場合は、「ホットリード」というクラスターになります。ホットとコールドを分ける60日という基準の設定したのは、こちらから何度もフォローして、なおかつ2ヶ月以上経過した場合は、もう見込みは薄いと判断できるからです。これは、実際にテストした結果で導き出しました。

これで全てのクラスターは12クラスターになります。

顧客クラスターごとの顧客フォローの組み立て方

このようにクラスター化した最大の目的は、クラスター別に顧客フォローを計画し運用することです。そのために、クラスター別の性質を把握することが必要です。

前述しましたが、もう一度、クラスター別の性質を確認しましょう。

・新規顧客

商品や会社について知識が少なく、ロイヤルティが低い。高額商品については、バイヤーズリモース（購入後の後悔）に陥る場合もあります。少額商品については、ほぼバイヤーズリモースはないでしょう。また、割引など価格面に反応しやすいクラスターです。

バイヤーズリモースについて少し解説します。顧客は、主に高額商品を購入するための様々な理由付けを行い、自分自身を納得させた上で、ようやく購入するという意思が固まります。購入した段階では、少し興奮状態にあると言えるでしょう。しかし、時間が経てばやがて興奮状態が収まり、冷静になります。そこで、「本当に自分の意思決定は正しかったのだろうか？」と不安になるのです。その現象をマーケティングでは、バオヤーズリモースと呼んでいます。

私もバイヤーズリモースを何度か経験してきました。その一例をお話ししましょう。私は数年前にスポーツカーを購入しました。納車するまでは、とても楽しみでした。納車後はさらに嬉しくなり、それまでは、ほとんどしたことがない、長距離ドライブを楽しみました。そして、数ヶ月後にバイヤーズリモースに襲われたのです。「本当にこの車で良かったのか？」実は、それほど必要なかったのではないだろうか？ 間違った選択をしたのではないか？」と不安になってきました。

その気持ちを解消するために、ネットを検索して同じ車種を購入した多くの「お客様の声」を読みました。そして、ようやく不安が和らいできたのを、今でも覚えています。

◦**初期顧客**

顧客期間が短いこともあり、ほぼ新規顧客と同じですが、リピーターなので新規顧客より商品知識やロイヤルティがやや高い状態。

◦**安定リピーター**

商品や会社へのロイヤルティが高まっている状態。商品知識や会社のこだわりなどの知識も持っている。

◦**準ロイヤルカスタマー**

ロイヤルカスタマーの一歩手前の状態、ロイヤルティも高く、商品知識も豊富で、会社についてもよく理解している。

◦**ロイヤルカスタマー**

最もロイヤルティが高いクラスター。価格面より優越感、特別感に反応しやすい。口コミや紹介をするインフルエンサーとなる。

◦離脱顧客（各クラスター別の離脱顧客）

顧客であったが、何らかの理由で離脱した。単に商品に興味がなくなったクラスター。特に新規顧客で離脱した場合は、顧客として復活する可能性は低い。逆にロイヤルカスタマーで離脱した場合は、復活する可能性はある。

◦ホットリード

無料サンプルか有料サンプルで顧客になる確率が変わる。有料サンプルは無料サンプルのリードより顧客にステップアップする確率が高い。商品に対する興味も有料サンプルの方が高い。

●コールドリード

サンプル請求したが、その後の顧客フォローでもまったく反応せずに、ある一定期間が経過した顧客。すでに商品について忘れ去られている可能性大。

これらは、一般的な傾向なので、もちろん、中には当てはまらない顧客もいます。

これらの特性を踏まえた上で、フォロー計画を立てていきます。新規顧客、初期顧客に関しては、商品の知識や、その会社のこだわりなどの知識が少ないので、それらの情報提供を中心に行います。

また、ロイヤルカスタマーには、その顧客にロイヤルカスタマーとして販売者側も認識していると言うことを、しっかり伝えます。例えば「おかげ様で、弊社は多くのお客様にお支え頂いておりますが、あなた様はその中でも特に大切なお客様です。」などのメッセージを伝えます。その上で、特別なプレゼントをするのが良いでしょう。

私がコンサルティングしているある会社では、鉢植えの花をプレゼントしています。プレゼントが届くと毎年、お客様から感謝の手紙やメールをいただく方が多くいます。その結果から、ロイヤルカスタマーのロイヤルティがさらに高まっていることがわかります。また、お客様のお名前を刻印した記念品を届けている会社もあります。


これらの顧客フォローはステップメール、ＤＭ、電話など費用と手間を考慮の上、運用しながら最適なフォローに改善していきます。

ちなみに、多くの会社では新規顧客の段階で離脱していきます。

ある通販会社が私にコンサルティングを依頼をされました。そこで、顧客分析したところ、

89%が離脱新規顧客でした。つまり、ほとんどの場合、一度きりの顧客で、リピートせずに離脱していくのです。したがって、新規顧客がリピーターにステップアップできるかどうかが、利益を増やすための大きなカギを握っている会社が多いのです。

そして、重要なことなので繰り返しになりますが、顧客フォロー計画を立てる際に、時間軸が最も重要です。特に見込み客、新規顧客の段階では、フォローするタイミングに注意することです。つまり、あまりフォローとフォローの期間を空けすぎないことが重要です。

顧客との信頼関係を結ぶには、相当な期間が必要です。しかし、その期間はできるだけ早めたいので、頻繁に情報提供などのフォローをする必要があります。また、顧客からの興味が高まっているホットのうちに、さらに興味を高めてもらうことで、少しでもロイヤルティを上げていただきたいからです。

その顧客フォローは正しかったかを分析する。

顧客との良好な関係性を構築するためには、最初は、予測に基づき顧客フォロー計画を立てます。（具体的にどのようなフォロー計画を立てていくのかは後の章で解説します。）そしてフォロー計画に沿って運用するのですが、一定の期間を決め、フォロー運用を行う前と、行った後のデータを比較します。

この場合もデータ数が多いほど正確な判断ができます。私の場合は、フォロー内容を変えるかどうかに関わらず、1ヶ月ごとに検証作業をします。つまり、今月の運用は先月の運用の差はどうだろうか、など、時系列に検証結果のデータを保存して、流れをみます。

マーケットにはトレンドがありますので、徐々に効果が下がってきた場合は、フォロー内容を変える必要があります。例えば、フォローのフォーマットです。ＤＭの場合は、ハガキで届けるのか、封書で届けるのか、または違ったフォーマットで届けるのかなどの検討をします。

最近、私の場合は、Ａ４の大きさの大判のハガキを使うことが多いです。その理由は、通常のハガキサイズより面積が大きいので、多くの内容を盛り込むことができること。また、封書であれば、封筒を開けるという作業が必要ですが、大判のハガキであればその作業の必要がないこと。つまり、封書なら開ける前に捨てられる可能性がありますが、開ける作業がないので、まず、キャッチコピーが目に入ります。そこに興味を持ってもらえたなら、その後も読んでもらえる可能性が高くなるからです。

さらに、封書より送料が安いことです。2020年現在では、封書では最低でも84円の郵送料がかかります。大判のハガキはヤマト運輸のクロネコDM便（使用するには別途、ヤマト運輸との契約が必要です。）であれば、同じぐらいの費用か、それより安くなる可能性がありま す。（個別契約なので価格は会社ごとに変動的です。）それ以外にも佐川急便や日本郵政のゆうメール便などもありますので、一番、安くかつ運用しやすい発送方法をチョイスすると良いでしょう。

また、最近のDMの傾向は透明の封筒に入れ、中身を見える状態で送ることが多いです。私の場合は、複数枚になるDMは、透明の封筒で送ります。透明の封筒を使うのは、中身が見えるので、開封率が高くなるからです。ただし、封筒代と封入費用が別途必要になり、大判ハガキよりコストがやや高くなります。また、どうしても封筒を開くという作業が必要になるので、全部、読んでもらえない可能性もあります。しかしながら、複数枚を封入できるため、多くの情報を盛り込めるというメリットがあります。

私はこれまで、通常のハガキ、封書、大判ハガキなどすべてテストしてきました。私の経験から言えるのは、以前は通常のハガキが反応は高かったのですが、今のところ、大判ハガキがコストパフォーマンスはいいのではないかと思っています。

これも、今後は様々に変わってくるでしょう。その度、それに合わせてフォーマットは変更するのがいいでしょう。また、リアルな紙媒体は印刷費用や送料がかかるので、メールやその他のネット媒体で済ますということも考えられます。

私がコンサルティングしてきた中には、資金が潤沢にない小規模な会社もありました。それらの会社は、費用や手間がかかるリアルな媒体を敬遠されることが多くありました。

このような会社が多いことから、リアルな媒体での競合が減ります。つまり、DMを出す会社は今後、どんどん少なくなるでしょう。競争が少なくなるということは、DMなどリアルな媒体は目立つので、DMでフォローするという方向性が良いと思います。また、もちろん費用のかからないメールなどネット媒体も組み合わせて使用するのがベストな方法でしょう。

また、リアルな紙の媒体は、メールなどのネットのフォローより、訴求力が高いと考えられます。なぜなら、紙の質感や手触りなども五感に訴えますし、香りの付いた紙を使うことで、さらに訴求力が高まるという方法も採れるからです。

それでは、ある事例をご紹介しましょう。

私がコンサルティングしていたある会社は、年商が2000万円程度の小さい会社でした。すでにメルマガは配信されていましたが、DMの発送はしていませんでした。そこで、私はDMも発送するように提案したのです。しかしながら、DMを発送する十分な費用がないとのことでした。とても顧客全員にDMは送れないと言われました。本来は顧客全員に送るのがベストです。しかし、費用がどうしても捻出できないとのことでしたので、せめて、経験上、最もリピートする確率が高い、ロイヤルカスタマーと新規顧客だけでも発送するようにアドバイスしたことがあります。その結果、メルマガだけでは得ることができなかった、数十万円のリピート注文を獲得できました。

ちなみに、どうして、新規顧客とロイヤルカスタマーだけに発送したのかというと、他のクラスターより、リピートする確率が高いからです。ロイヤルカスタマーについては、前述の通り、ロイヤルティがすでに高い状態であるからです。新規顧客は、初めてその商品を購入したての顧客で、まだホットな状態です。なので、この2つのクラスターを選んで発送したのです。もちろん、ロイヤルカスタマーと新規顧客だけに発送していますので、発送数もわずか150件程度でしたので、コストパフォーマンスもかなり良かったと記憶しています。

DMの内容にもよりますが、やはりメールだけよりもDMと合わせてフォローする方が売り上げは上がります。

また、フォローでどのようなアナウンスをしていくのかの変更しながら、最適なアナウンスの内容を変更していく必要があります。

例えば、お客様の声を中心とした内容にするのか、クーポンなどの割引内容を押し出すのか、商品についてのさらなる詳しい情報を中心にするのか、など内容を検討した上、フォロー運用後に、その効果の検証をする必要があります。

クラスターごとで特徴が違いますので、その辺りも考慮した上で内容の検討をする必要があります。

顧客フォローが正しかったのかという検証については、前述した毎月のデータを比較することですが、特に重要なのは、フォロー内容を変えた場合の前後のデータです。フォロー内容を変更して芳しい効果が得られない場合は、当然ながらまた変更しないといけません。

第8章

統計学でマーケティングをバージョンアップ

顧客フォロー計画を予測で立てる

これまでの顧客フォローの解説をまとめます。それでは、クラスター別のフォロー計画を具体的に立ててみましょう。まずは予測に基づき顧客フォロー計画を立てます。

例えば、次のような予測と具体的フォローです。

●ホットリード

無料サンプルや有料サンプルその他、資料請求などで見込み客となった顧客に対し、次の予測を元にフォロー計画を立てます。予測に関しては、各クラスターの特性を考慮した上で行います。ホットリードや新規顧客にはできるだけフォローとフォローの間を詰めて行うようにします。顧客の気持ちが熱い間に、次の行動を起こしていただくようにするためです。しかし、あくまでも顧客フォローですので、売り込み中心にならないような内容にするよう熟考する必要があります。この例は、化粧品や健康食品などの商品をイメージしています。趣味性の高い商品や高額商品は、その商品特性やクラスターの特性にあったフォロー計画にする必要があります。

例えば、ホットリードに対するステップメールでのフォロー内容無料サンプルなどの請求日から起算します。

1日目：サンキューメール
2日目：詳しい商品の使い方などの情報
3日目：商品開発秘話（こだわりなど）
5日目：お客様の声、本商品の勧めと割引クーポン
7日目：別のお客様の声、本商品の勧めと割引クーポン
10日目：別のお客様の声、本商品の勧めと割引クーポン
14日目：サンプル商品とお相性のいい別商品（B商品）の紹介（クロスセル）
（顧客フォロー計画の具体例は、後ほど詳しく解説します。）

このように、最初から売り込みにしないことが良いでしょう。繰り返しになりますが、サンプル注文をしていきなり、購入を催促するメールが次々に届くのは、顧客側からするといい印象ではないでしょう。あくまでも、このご縁を大切にしたいという対応が必要です。

そして、ステップメールのステップごとの間に、ＤＭを発送します。それは、「○○という内

容のメールを先日送りましたが、見ていただけたでしょうか？」というステップメールの内容をなぞるDMが良いと思います。「メールはどうせ売り込みだから見ない。」という人も多いと思われます。そこで、DMでその部分を補完します。

メールだけでフォローするという会社が多いですが、費用はかかってもDMは最低1回だけでも発送する方が効果は上がります。

また、ステップメールでは、文字だけのメールだけでなく、HTMLメール（画像などが表示できる）、音声や動画をメールに貼り付けしたりと、様々な形式で発信すると良いでしょう。

実際に、私がかつて販売していた商品購入後のステップメールは、すべて音声ファイルのリンクか動画を表示するメールにしていました。文字だけより、その方が訴求力は高まるからです。

特に文字だけでは表現しにくい、商品の特徴などは写真や画像を見せながらお知らせする方が顧客にとっても理解が高まります。

また、実際にどのような人が販売しているのか、などは顔写真や動画を見ていただくことで、多少の親近感を持っていただけます。

私がよくアドバイスしているのは、商品のこだわりや開発時の苦労話などを、音声や動画で社長自らが語るものをステップメールの最初の頃に、配信するようにすることです。より顧客の心に響くように、そのようなステップメールを入れるようにしています。

また、文字がずらっと並んだメールは、よほどの興味がない限り、それだけで読む気力が薄れるものです。また、メールでは実際に会うより、訴求力が落ちます。そのことから、このような形式にする工夫が必要です。

●新規顧客、初期顧客

新規顧客も同じように、顧客フォローを計画してみましょう。前述した通り、新規顧客や初期顧客は商品や会社へのロイヤルティが低い状態です。したがって、早い段階でのフォローを矢継ぎ早に行うのが良いでしょう。新規顧客へはリピートの促進を目的としますが、定期継続購入商品ではない場合は、同じ商品のリピートとともに、クロスセルを主に促進するようにします。

なお、前述の通り、新規顧客の段階で離脱する顧客が最も多いです。つまり、リピーターにならずに離脱している顧客が最も大きなクラスターになる確率が高いのです。したがって、リピーターになるかどうかが、ＣＲＭの仕組みが成功するかどうかの大きな分かれ目です。

そのため、新規顧客にはフォローを厚くする必要があります。ホットリードのようにステップメールとＤＭを組み合わせたフォロー計画を立てます。繰り返しになりますが、売り込みは極力避けることです。多くの会社がリピーター獲得に失敗するのは、初めから売り込みをかけてしまうことです。顧客のニーズやウォンツを満たせるような内容、または興味を持っていただけるような内容にします。また、高額商品の場合は、バイヤーズリモースを避けるために、顧客がその商品を購入したことの正当性を明示するような内容も必要です。例えば、同じ商品を購入したお客様の声など、顧客が共感できるような内容はバイヤーズリモースを減少させる役割もあります。

●安定リピーター

安定リピーターは、それなりにロイヤルティが高まりつつある状態です。商品を使うことが、習慣化されて安定的にリピートしてくださる顧客層です。

このクラスターに関しては、すべての顧客に配信しているメールマガジン、ニュースレターは当然ながら定期的に届けるようにしましょう。

また、商品別のフォローを展開することも良いでしょう。例えば、直近に購入した商品に関する情報や、その商品を使用したお客様の声などのDMを届けるなどです。

また、クロスセルの案内や、クロスセル商品の詳細情報、お勧めする理由などの内容のDMをお届けするのも良いフォローです。

●準ロイヤルカスタマー

ロイヤルカスタマーの基準を設定して、その基準に極めて近いリピーターが準ロイヤルカスタマーです。

準ロイヤルカスタマーは、十分に商品知識もあり、会社に対するロイヤルティも高い状態です。そこで、もう一歩でロイヤルカスタマーという特別な対応を受けられることをお知らせします。しかし、顧客に対して安易に「ロイヤルカスタマー」という表現はしない方が良いでしょう。場合によっては、顧客を見下しているような印象を与えかねないからです。

しかしながら、前述した通り、航空会社などでは、あからさまに顧客にランクを付け、その条件や与えられるメリットも公開しています。一見すると、それは顧客を区別化しているので、不快に思う顧客もいると思われます。しかし、顧客は航空会社が設定した区別の条件を受け入れています。つまり、この場合、表現はあまり良くないのですが、「顧客の囲い込み」に成功しているのです。

中小企業としては、すでに成功している航空会社の顧客の区別の仕組みを取り入れつつも、大企業ではない、中小企業としての顧客に近い立場を利用し、共有することが企業、顧客の両方にとってウィンウィンとなるでしょう。

具体的には準ロイヤルカスタマーに対して、「長年、お取り引きいただいている、○○様は弊社にとってとても大切なお客様です。あと、○○円以上のお買い物をいただくと、○○をプレゼントさせていただきます。こちらは特別なお客様のみに差し上げているプレゼントです。○○製のとても貴重な品で、○○社様より無理を言って少数だけ弊社に分けていただいています。ぜひ、このプレゼントを○○様に差し上げたく、このお手紙をお届けいたしました。」など、大切な顧客であるが、さらに特別な顧客になっていただきたく、そのメリットやスペシャルな部分を伝えながら、ロイヤルカスタマーへの促しをするフォローを数回行います。

●ロイヤルカスタマー

ロイヤルカスタマーは最優良顧客という位置付けです。どのような基準でロイヤルカスタマーとするのか、という問題ですが、私の考えでは、80対20の法則に沿って考えるといいと思っています。つまり、準ロイヤルカスタマーとロイヤルカスタマーで全体の上位20％と考えます。準ロイヤルカスタマーが12から15％で、残り5から8％がロイヤルカスタマーという基準が妥当だと考えています。

ロイヤルカスタマーは利益全体を押し上げてくれる、最も重要な顧客です。しかも、マーケティング費用もあまりかかりません。したがって、一人のロイヤルカスタマーの存在はとても大きいのです。ロイヤルカスタマーが一人増えるだけで利益には大きなインパクトがあります。逆に一人でもロイヤルカスタマーは離脱すると会社としては大きな痛手なのです。

残念ながら、その認識がない経営者もかなりいます。全ての経営者は、いかに一人でも多くのロイヤルカスタマーを増やすことが経営上とても重要なことかを肝に銘じて欲しいものです。

ロイヤルカスタマーへのフォローについては、前述しましたが、優越感、特別感を持っていただけるようなフォローが適当でしょう。私がコンサルティングでいくつかアドバイスしたフォローは、先の準ロイヤルカスタマーへのフォローとの整合性をとるために、ロイヤルカスタマーになった段階で、特別なプレゼントをすることです。

また、誕生日のデータが入手できるなら、誕生日にプレゼントするのが良いでしょう。どうして、誕生日がいいのかというと、誕生日はその人だけの特別な日だからです。

つまり、正月やクリスマスなどは、誰もが同じ日に迎えます。だから、そこでプレゼントをしてもインパクトが薄いからです。

ロイヤルカスタマーへのフォローで一つ重要なのは、やはり売り込みはしないことです。

前述しましたが、他のクラスターについても、最初から売り込みはしません。売り込みをしないで、お役に立つ情報や、商品の詳細な情報などを提供しながら、徐々に商品の紹介をします。それは、ある程度、関係性が構築できてから、売るという流れになるのです。（売るというより、お勧めするという感覚でフォローしてください。）

しかし、ロイヤルカスタマーはすでに良好な関係性は構築されていて、十分にロイヤルティも高い状態なので、あえて売るということは必要ないのです。しかしながら、控えめに、商品のお勧めをすることはあります。

ある会社で、ロイヤルカスタマーについてアドバイスしたところ、「ロイヤルカスタマーはこちらから何もしなくても、勝手に買ってくれる。どうして、わざわざ費用をかけてプレゼントなどしないといけないのでしょうか？」と言うように間違った認識を持っておられました。「こちらが何もしなくても勝手に買ってくれる。」と言う認識はとても危険です。

顧客は、その商品が気に入っているからこそ、リピートをし続けているのです。「確かに商品は気に入っている。でも、何年もの間、何回も買っているのに、この会社は知らんぷり…」と思う顧客もいるはずです。

例えば、私にはお気に入りの店があって、いつもそこで商品を買っていたとします。もう何年もこの店には通っています。ところが、その店のスタッフとは何度か顔を合わせ、会話もしたこともあるのに、いつも初めてのお客のような態度を取られます。「会員カードも作っているのに、名前ぐらい覚えてくれてもいいのでは？」と私は少し残念な気分にさせられます…このような体験をするお客様は多いのです。

仮に、同じような商品を販売している競合他社がもっといい条件で販売すると営業されたら、顧客は特にこの会社には繋がりは感じていないので、躊躇なく誘いに乗るでしょう。私がコンサルティングしていたある会社も、ロイヤルカスタマーが他社に引き抜かれて困っていると言う相談をされていました。

顧客を放置するような行為、つまり、「釣った魚に餌はやらない」と言う状態はロイヤルカスタマーのみならず全ての顧客にしてはいけないことなのです。特に、ロイヤルカスタマーに対しては、絶対に放置をしてはいけません。前述のように「こちらが何もしないでも勝手に買ってくれる。」という認識はとても危険なことです。多くの利益はロイヤルカスタマーが担っているからです。

また、ロイヤルカスタマーは口コミや紹介も積極的にしてくれます。

当然ながら、その商品や会社が気に入っていたら、人にも勧めたくなります。特に親しい友人や家族などです。ロイヤルカスタマーから商品を勧められた友人たちは、どう感じるのでしょうか?「この人が勧めるならいい商品に違いない。」と信頼している人からの言葉は、決して売り込みには聞こえません。

さらに、現状では、ロイヤルカスタマーが商品のお勧めをSNSなどのネットで拡散してくれる可能性も高いです。そうなると、周りの知人や家族だけでなく、大勢の方の目に留まるのです。その可能性を考えると、これからはロイヤルカスタマーの重要性がますます大きくなります。

ちなみに顧客が顧客を紹介してくれるという行為に関しては、紹介してくれる顧客のロイヤルティが高い場合と理解してください。つまり、新規顧客や見込み客に「誰かを紹介してください。」とお願いしても、あまり効果がないのです。返って、うっとうしいと思われマイナスになる場合があります。前述しましたが、新規顧客など顧客期間が短く、ロイヤルティが低い場合は、値引きやクーポンなどのお金に反応しやすいのです。だから、多くの会社は新規顧客に対して紹介をお願いする場合、クーポンを発行するなどをしているのです。

私の考えでは、ロイヤルティの低い状態の顧客には、無理に紹介をお願いすべきではないと考えています。なぜなら、顧客との関係性を構築するための阻害になる可能性が少しでもあるからです。

遅滞なく確実にフォローをする

　せっかく、クラスター別のフォロー計画を立てても、それを実行しないと意味がありません。ちなみに、「フォロー計画を実行する。」を私は運用と呼んでいます。ある会社では私のアドバイスに沿って、フォロー計画を立てて、運用に移しました。しかし、1ヶ月後に訪問して確認したところフォローはストップした状態でした。その理由を聞くと、「仕事が忙しくなって、徐々にフォローができない日が増えてきました。今ではフォローをまったくしなくなった。」といった言い訳をされました。

　これでは何も変わりません。いくら忙しい日があっても、フォローを止めてはいけないのです。できるだけ、フォロー計画通りに行いますが、どうしてもできなかった場合は、なるべく期間を開けずに、できなかった分はカバーしてください。なぜなら、何度も指摘している通り、マーケティングで重要なのは時間だからです。タイミングを逃すと、ＣＲＭの仕組みに歪みが発生し、効果がグンと下がってしまいます。

　また、日々のフォローを行うということは、これまでの仕事にプラスの作業になるので、それなりの負担がかかります。

実は、フォローを始めても、最初は目に見える効果が出にくいのです。

なぜなら、関係性が築くまでは時間がかかるからです。特に私は「最初から売り込みしないで。」と何度も繰り返している通り、最初は売るという行為は避けるので特に効果が感じられません。

顧客との接触を繰り返すことにより、徐々に関係性が構築されます。つまり、接触の仕方を間違えない限りは、少しずつ顧客との距離が縮まるのです。そして、顧客からの信頼感が生まれ始めることで、ようやくリピートをするという行動が生まれるのです。

しかし、その期間が我慢できずに、フォローをやめてしまう方が多くいます。

「手間や費用をかけて顧客フォローをしても、本当に効果があるかどうかわからない。」と思って、その先にあるご褒美が待っているのに、フォローすることを辞めてしまうか方が多いのです。

このように、最初の売れない期間はある程度必要なのです。

私はそのことを踏まえて、一日の業務の中にフォローすることを組み込むことを提案しています。

つまり、日々の仕事の流れにフォローをすることを習慣とするのです。朝、会社に行き、パソコンを立ち上げメールを確認し…などの流れにフォローをすることを組み込み習慣化させるのです。その流れが身につくと、フォローすること自体にそれほど時間がかかりません。確かに習慣となるまでには面倒と感じるでしょう。しかし、リピートを増やすという目的があるのです。それを肝に銘じて習慣化するまで、粛々とフォローを続けましょう。

毎日の習慣になると、やること自体が当たり前になり、苦痛を感じません。むしろ、習慣化しているのに、それをしないことに違和感を感じるでしょう。

このように、日々のフォローが売り上げ、利益になるのです。最初は効果が見えなくても、日々続けることにより、徐々に目に見えて効果が現れます。やはり、継続は力なのです。

ある経営者から相談がありました。以前、私がコンサルティングしていた会社でした。この頃、リピートが目に見えて減ってきて困っているという内容でした。早速、現在の顧客フォローなどの運用についてチェックしました。驚いたことに、半年前から、ニュースレターもメルマガも顧客フォローも止まった状態でした。私がコンサルティングしていたのは、半年前まででした。つまり、私のコンサルティングが終了してから、関係性マーケティングの仕組みを一切、運用していなかったのです。

「これではリピートするわけがないです。今すぐ、フォローの運用を再開してください。」とアドバイスしました。半年間のブランクがあるので、また、関係性を構築するまで、しばらくの期間が必要です。長らくほったらかしにしていたので、いきなり再開しだすと、「DMは送ってくるな。メールも送るな。」という連絡も多くなります。そのことも、十分に理解していただき、運用を再開されました。

情報を蓄積する最善の方法

フォローした結果はデータベースに蓄積します。これは、前述した通り、現在のフォローを運用する前と、した後のデータを比較分析して、どのような効果があったかを検証するためです。

そのためには、いつ誰にどのようなフォローをしたかの情報を蓄積しないといけません。しかし、この作業も面倒で負担がかかります。また、そこで挫折してしまう方もいます。なので、情報の蓄積を完璧にするために、データベースに自動的にデータが蓄積されるように制御します。このような作業は手動で行わず、自動化しないと、いずれ頓挫します。

私の場合は、クラリス社のファイルメーカーというデータベース用アプリケーションソフトを使ってデータベースを構築しています。このファイルメーカーで今日行うフォローを毎日表示し、実行したフォローにチェックを入れると、いつ誰に対してどのようなフォローを行なったのかが、自動的にデータベースに情報が蓄積される仕組みにしています。

ファイルメーカーはデータベース専用アプリですが、それほど難しいアプリではありません。しかしながら、今までデータベースの取り組みをされた経験がない方には、少々、ハードルが高いと思います。そのような方には、予算内でデータベースの仕組みが構築できる会社に委託することをお勧めしています。ただし、システムを外部に委託する場合の注意点があります。そのシステム開発会社は、システム開発が本業であり、マーケティングが本業ではありません。なので、システム開発会社に全て任せてはいけません。

ある会社は、システム開発会社に全てを任せました。最初は素晴らしいシステムができたと思っていましたが、自社の仕事の流れに合わず、使いづらく、数ヶ月後にはまったく使わなくなってしまいました。結局、時間とお金を無駄にしただけだったのです。

また、システム会社に丸投げすると、「この機能も入れましょう。あれもできるようにしましょう。」と余計な機能を追加され、結局は高額になってしまうということもあります。

システム会社はあなたの会社の社員ではありませんから、どんな顧客を相手にしているのか、どのような仕事の流れをしているのかなど知りません。

もちろん、開発にあたってはヒヤリングをします。しかし、そのヒヤリングでは肝心なことはわからないのです。なぜなら、あなたの会社では当たり前すぎるので、わざわざヒヤリングで言う必要もないと言うことが多いからです。その「当たり前の流れ」こそがシステムにとっては重要であることが多いのです。

このようなことにならないよう、どのようなマーケティングの仕組みにするのかを、本書を参考にしていただき、自社のマーケティングの流れを踏まえながら、熟考した上で委託するようにしてください。

できるだけ、お金の節約をしたいという方は、ファイルメーカーの解説本がたくさんありますし、ファイルメーカーのトレーニングを受けられる講座が随時開催されています。また、現時点では、クラリス社のサイトでは、ファイルメーカーの各種の機能を解説した「ＷＥＢセミナー」を無料で視聴することができます。それらを利用して、一から自分で構築するのもいいでしょう。ただし、一から自分でしようとすると、それなりの期間がかかります。その時間は経営者にとっては、デメリットです。なるべく早くマーケティングの仕組みを構築して運用しないと、運転資金不足に陥ることや、抱えている顧客を逃してしまうことになりかねません。ぐずぐずしていられないのです。

データベース専用のアプリでもう一つ有名なのが、マイクロソフト社のアクセスです。私はどちらのアプリも使っていますが、アクセスは社内で共有するのが難しく、私見ですが、構築方法もやや専門的と思います。

ファイルメーカーはiPadやiPhoneともデータベースの共有できます。また、社内のクライアントサーバーシステムを使わなくても、ファイルメーカーが推薦するクラウドの仕組みで共有することも可能です。このような体制ができれば、社内の管理者と現場の営業マンとの情報共有ができ、仕事の効率化が図られます。

例えば、営業先で顧客との商談内容を現地でiPadに入力するといったことも可能になり、帰社してから営業日報に記入するといった手間と時間が節約されます。また、現地で営業報告することで、正確性や即効性も高まります。

もちろん、それらの仕組みにするには、それなりのお金がかかります、したがって、最初はスタンドアロン（パソコン1台だけの）での運用で十分です。しかし、私は将来的に社内でデータベースを共有することも視野に入れると、今のところは、ファイルメーカーが良いと思っています。

また、もっと堅牢なシステムを構築したと言う場合はオラクル・データベースでシステムを構築する方法もありますが、こちらは、より専門的で素人には扱えないでしょう。これでシステム構築を依頼すると、軽く1000万円以上はかかりますし、継続的なサポート費、保守費なども必要になるでしょう。よって、大企業以外は手を出さないほうがいいでしょう。

また、オラクルに限らず、顧客データベースとは一般的に基幹システムといった位置付けになります。何も考えずにシステム開発会社に依頼すると、平気で1000万円以上の見積もりが出てきます。

このようなことにならないように、本書を参考に、どのようなシステムを構築すべきなのかの明確なイメージを持っていただきたいのです。

また、最初からあれもこれもと盛り込んだシステムにしないほうがいいです。なぜなら、システム構築の費用が膨らんでしまうからです。それと、実際に使ってみたら、使いづらく、全然使っていない機能があるなどになってしまいます。

最初は顧客基本情報と顧客ごとの購買履歴を把握できるデータベースから初めて、そこにクラスター分析と顧客フォローの計画を予定実行できるようなシステムに構築するという流れでいいと思います。

既製品のシステムのデメリット

10年ほど前に、保険代理店の方からご相談をいただきました。

顧客情報をきっちり管理してマーケティングに活用したいとのことでした。現状の顧客リストは顧客の申し込み用紙作成用のエクセルデータを顧客データとして使っているとのことでした。つまり、一度解約した場合など、顧客データは重複している可能性があります。また、対応履歴などのデータ蓄積ができていないなど、様々な履歴情報が抜けています。

それでは顧客の情報がまとまっておらず、すぐに見たい情報を見ることができない状態でした。これでは、マーケティングのデータとしては活用ができません。

そこで私は、マーケティング用のデータベースをもう一つ新しく構築することを提案しました。新しいCRMのシステムを作り、それを運用させてマーケティングに活用させることが必要だったからです。

しかし、「それでは情報の二重管理になり、手間が増える。」とのことで、結局はそれがネックになり、CRM導入には至りませんでした。

この二重管理問題は、様々な企業で起こりました。

創立から長年経過している中小企業の多くは、すでに数千万円で基幹システムを構築して顧客管理を運用しています。

すでに数千万円の費用を出した基幹システムで顧客管理をしているのに、どうして、わざわざ別のシステムに同じデータを管理する必要があるのか？手間だけが増えるだけなのではないのか？

実際に、このようなご意見をいただくことも多くあります。

基幹システムは単に経理的な売上管理であったり、売掛サイトなどを管理するためのものであり、顧客との関係性を管理するＣＲＭとはまったく異なるコンセプトで作られています。もちろん、マスマーケティング時代ではこのような基幹システムでも問題はなかったのですが、

現状では既存の基幹システムだけでは他社との熾烈な戦いに勝てません。

システムに関しては、既製品のシステムを使うという方法もあります。しかし、既製品のシステムを使うことに関して、私は反対です。使わない方がいいです。

一般的な基幹システムでは、個々の顧客とどのような関係性を築いているのかをデータを通して把握できないのです。顧客との関係性を築き、顧客からの信頼を得ることで、リピートが生まれそして優良顧客に育っていくのです。だからこそ、ＣＲＭの機能を持ったシステムが必要なのです。

一方、私がコンサルティングしてきた会社で、個人事業など規模が小さい会社の場合は基幹システムもありません。もちろん資金面で考えても自社専用の基幹システムを作ることは難しいでしょう。

したがって、一からデータベースを構築し、新たにＣＲＭを導入する必要があります。しかし、小さい会社の場合、できるだけ費用をかけずにシステムを使いたいと考えるでしょう。

そこで、多くの場合、既製のＡＳＰのショッピングカートにＣＲＭ機能のついたシステムを利用しようと考えます。

ＡＳＰのほとんどが、数千円から数万円の安価な月額使用料を課金することにより自社で顧客管理システムを構築することなく、顧客管理のアプリケーションソフトを利用できます。

しかしながら。ＡＳＰのアプリケーションソフトは一般的なもので、多くの会社で利用することを前提に作られていることから、自社のビジネスには合わない場合がかなりあります。

例えば、販売している商品やサービスにより顧客の属性も変わってきます。また、販売するプロセスも会社ごとに違います。

それを全社同じアプリケーションで補うことはそもそも無理なのです。最近ではどの会社でも使うことができるように多機能になっているASPもありますが、結果的に複雑なシステムになりすぎて使いづらくなっています。

しかも、この機能が使いたいなどと、機能追加するとそれごとに毎月の費用がかさみ、結局そのシステムを使い続けると、トータルでは結構な費用になってしまいます。

さらに、外部のASPで顧客管理することには、重大なデメリットがあります。

それは、ASPで顧客管理した場合、他社のサーバーに全データが保管、管理されていることになるからです。その企業が将来にわたってそのサービスを続けていけるのか？または、データが流出や欠損が出た場合、どのように保証されるのか？などを考慮した場合、必ずしもベストな選択ではありません。また、会社の財産である顧客情報が他社の管理下にあるということは、あまり好ましい状況ではなりません。

個人情報保護法のこともあり、情報漏洩のリスクを考慮する必要があります。また、違う面で考えれば、情報は企業の宝でもあるので、情報は自社で責任を持って管理できる体制にするべきです。

さらに、自社だけのシステムを構築することは、他社より圧倒的な強みになります。自社システムは、その時々の状況によってベストなシステムに変化させることができるので、どんどんマーケティングの精度が高まります。このように、自社独自のシステムは自社の最大の資産になるのです。

私がコンサルティングしていたある通販会社でも、ＡＳＰのシステムを使っていました。しかし、それはあくまでもショッピングカートの機能とステップメールの機能のみで、顧客管理機能やＣＲＭの機能については、社内に独自のデータベースを構築し、そこで顧客管理とＣＲＭの機能を持たせ、マーケティング全般の管理運用をしていました。

なぜ独自のデータベースがあるのに、ＡＳＰのシステムを使っているのかという理由は、顧客がネットからクレジットカードで決済する際に生じる問題があるからです。それは、クレジットカード決済サービス会社とのリンクやカード情報のセキュリティなどを考慮した場合、自社でその機能のシステムを持つことはセキュリティ面においてデメリットでしかないからです。そして、そもそも自社でそのようなシステムを構築するには莫大な費用がかかってしまうので現実的はないのです。

私のコンサルティングでは、このように、ASPのショッピングカートを使っていても、それで顧客管理はせずに、自社にCRMの機能を持たせたマーケティングデータベースを持つようにアドバイスしています。

前述した通り、セキュリティ面でも他社との競争力を強化する意味でも自社でCRMシステムを構築し運用することは必須と考えています。

ステップメールについては、独自のステップメールのシステムを構築するのは可能です。それは、ネットを検索すれば、ステップメール用のCGI（WEBサーバー上でプログラムを動かす仕組み）を販売しているサイトが多数見つかります。そのCGIを購入して自社が使用しているレンタルサーバーにアップロードすれば、独自でステップメールのシステムを持つことができます。ただし、レンタルサーバーごとに1日で配信できるメール数の制限があったりなどの問題がありますす。多くの顧客を抱えている場合は、自社のサーバーからステップメールを配信できない場合があるからです。これらを考慮した場合、ショッピングカートと連携したステップメールを使う方が合理的です。ショッピングカートのシステムの多くはステップメールの機能を持っています。経験上、そのようなショッピングカートを利用するのが良いと思います。

ちなみに、私の場合は、一日に何千通もメール送信をする必要がないので、ステップメール用のCGIをレンタルサーバーに組み込んで自己管理しています。長く使うシステムなので、結果的にその方がコストを抑えられ、自社でデータを管理できるという安心感もあります。

顧客数が何百など、それほど多くない場合は、その方法も良いでしょう。

特に、士業、コンサルタント、コーチなどの方には、その方法をお勧めしています。ただし、その方法では一つ問題があります。それは、特に難しくはないのですが、サーバーのCGIを組み込むのに、ITのスキルがやや必要になることです。しかし、CGIを販売しているサイトでは、CGIのサーバーへの設置を別料金で受託していることもあるので、自信のない方は、そちらを利用すれば良いでしょう。

情報からどのような分析をするのか？

蓄積された情報を分析するのですが、どのような分析をするのかを具体的にご紹介します。

A商品を購入した新規顧客に対して、次のステップメールとDMのフォローを行いました。

まずはステップメールです。

1ステップ：A商品購入後、3日後
お礼の言葉、A商品のさらなる詳しい使い方、お客様の声の紹介
2ステップ：A商品購入後、7日後
A商品の開発秘話、こだわり。1ステップとは別のお客様の声の紹介
3ステップ：A商品購入後、10日後
A商品と組み合わせて使用すると良いB商品の紹介、または、A商品と関連性のあるC商品の紹介、B商品またはC商品を購入したお客様の声、
4ステップ：A商品購入後、14日後
3ステップとほぼ同じ内容で、3ステップとは別のB商品またはC商品を購入したお客様の声
5ステップ：A商品購入後、18日後
B商品またはC商品の開発秘話、こだわり、3、4ステップとは別のB商品またはC商品を購入したお客様の声

次にDMです。
1回目：A商品購入後、ステップメールの3ステップと4ステップの間に届ける

「(3ステップの) メール見ていただけましたでしょうか?」の案内、Bまたは C商品の詳細。
A商品との組み合わせた使い方など、BまたはC商品で使用できるクーポンの配布

2回目:A商品購入後、ステップメールの5ステップの直後の届ける

「(5ステップの) メール見ていただけましたでしょうか?」の案内、1回目とほぼ同じ内容、クーポン券の使用期限がもうすぐ終了の案内

このようなフォロー計画を立てました。

そして、まずはフォロー計画を運用する前と、運用開始から1ヶ月後のデータを比べます。次のような結果が出ました。これを見ると、22・88%向上しています。

結果は、やはりフォローをした方が良いという結果になりました。

そして、さらにリピート率向上を狙ってDM回数を3回に増やしたとします。2回目と3回目の間に、DMを届けます。つまり、ステップメールの4ステップと5ステップの間に届くように発送します。

そして、これについてもDMを回行った場合と、2回の場合を1ヶ月後にデータを比較し

A商品購入後の顧客フォローのフロー

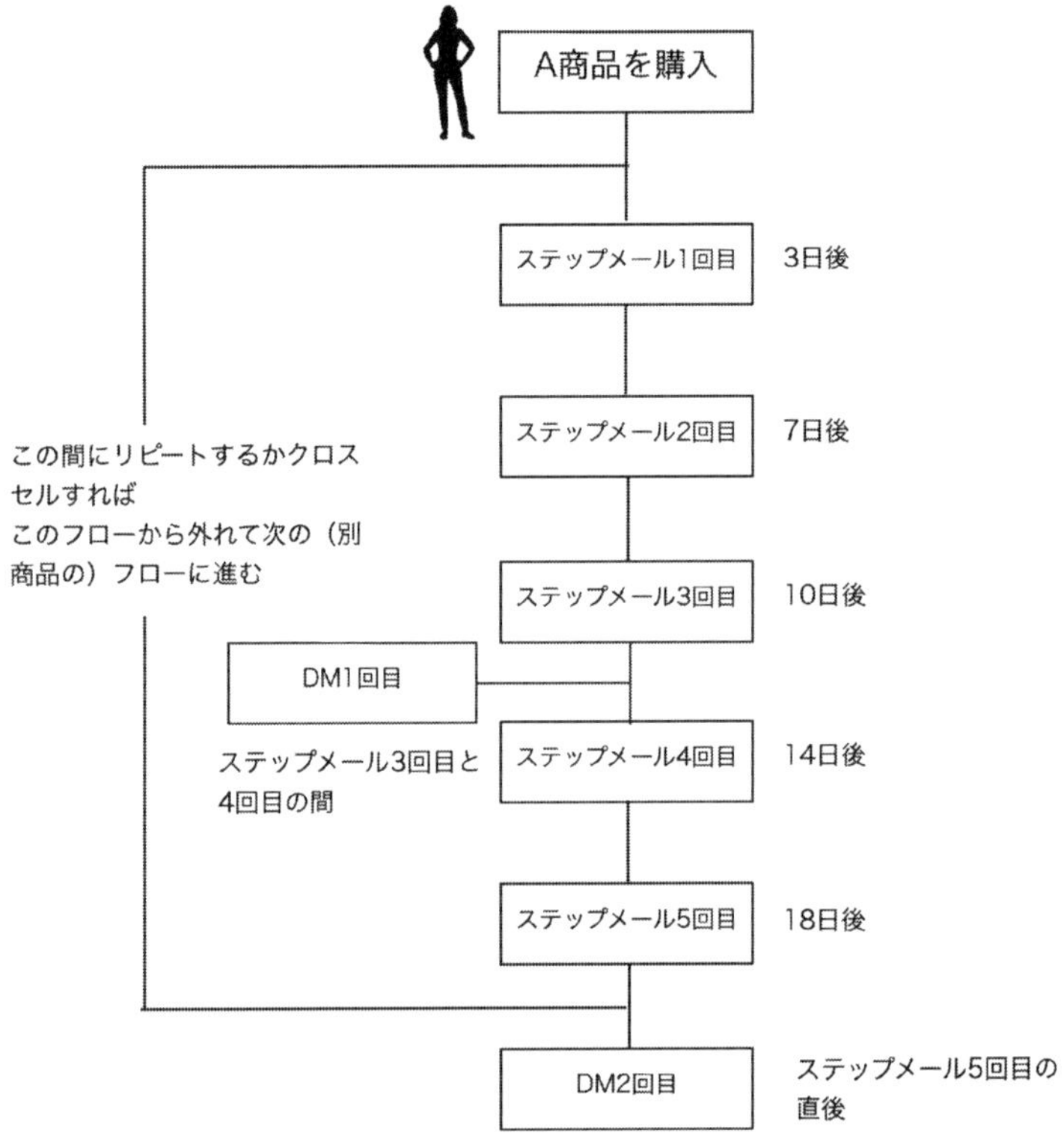

顧客フォロー以前と後の比較

	購入顧客数	リピーター数	リピート率
顧客フォロー以前	141	14	9.93%
顧客フォロー後	128	42	32.81%

ます。

どのようにして、顧客フォローを半自動化するのか？

ところで、顧客をクラスター化し、顧客フォローの計画を立てて、日々の顧客フォローを行う、さらに、随時の分析をする等、これらの一連のタスク（すべき仕事）をどのようなシステムでまかなうのでしょうか？

私の場合は、前述した通り、クラリス社のファイルメーカーを使って、これら一連の流れをシステム化しています。このタスクをそれぞれ、手作業で別々に処理していたら、いずれ、どこかでミスをして、仕組み自体が破綻します。また、これらを手作業でしていたら、とても面倒で、相当な時間も取られてしまうでしょう。そうなると、本業が疎かになってしまい、本末転倒です。

これらのタスクの流れは、できるだけ自動化して人的な負担をかけないようにすることが、この仕組みを成功させる秘訣です。

では、私がこれまで行ってきたシステムについて解説しましょう。この事例は、一般的な化粧品やサプリメントなどの数千円から1万円程度の消費財の販売という前提で解説します。

なお、これは一例であって、それぞれの設定される金額や顧客期間は、商品の価格や特性によって変わってきます。

まず、第7章で解説した通り、顧客基本情報と購買履歴を顧客IDで紐付いた形になるように、ファイルメーカーなどデータベースのアプリに取り込みします。そして、クラスター化するために、クラスター毎の条件を考えます。例えば、新規顧客であれば、購入回数が1回の顧客です。そして、顧客回数が1回で、購入日より180日以上を経過している場合は、離脱新規顧客とします。


ロイヤルカスタマーは、購入の合計額が7万円以上、かつ顧客期間が180日以上と設定します。また、最終購買日より180日以上を経過している顧客は離脱ロイヤルカスタマーとします。各クラスターの条件は181ページの表をご参照ください。

そして、どの時点でこれらの条件別にクラスター分けをするのかというと、それは2つのパターンあります。

まず一回目は、その顧客が購入した時点、つまり、購入してから購買情報をデータベースに追加された時点に、その顧客がどのクラスターの条件に当てはまるかを確認して、その情報を蓄積します。これは、いちいち目視で確認していると大変なので、データベース上で各クラスターの条件設定をしておき、ボタンを押せば、どのクラスターになるのかをシステム上で判断して、同時にデータを蓄積するように、プログラミングしておきます。

このように、顧客が購入した時点にどのクラスターに分類されるのかを判断しデータを蓄積します。しかし、1ヶ月間もしくはそれ以上に、まったくリピートしない顧客も多くいるはずです。それにより、それらの顧客はどうするのか?という問題があります。

私の場合は、毎月末に全顧客のクラスター分けを行いクラスターの更新をします。そして、毎月、月末時点で各顧客がどのクラスターであったかをデータベースに蓄積しています。

顧客が前月のクラスターから変わってしまった場合は、そのクラスターに設定されている顧客フォローのフローに変更し、そのフォロースケジュールをデータベースに書き込みます。

前後しましたが、各クラスター別の顧客フォローのスケジュールは、データベースに組み込んでおきます。そして、これもデータベースが自動的にその顧客のクラスターに応じた顧客フォローのスケジュールを顧客別に組み込みします。もちろん、これらもデータベースをプログラミングしておいて、自動的にそれらのスケジュールのデータを蓄積するようにします。

このように、各クラスター分けクラスターごとの顧客フォロースケジュールなどはデータベースで制御されている状態にしています。それにより、これらのタスクがほぼ自動化することができます。

各顧客別の顧客フォローについては、例えば、毎日の朝、出社した際に、本日のタスク一覧という表をデータベースから出力するようにします。そして、「A顧客は、本日、フォローDM番号01を発送」というようにA顧客のフォローDM番号01を発送します。

もちろん、DMの宛名ラベルなども自動的に出力するようにしており、あとはフォロー番号01のDMに宛名ラベルを貼り付け送るだけです。ちなみに、私がコンサルティングしている、ある会社はDMのフォローだけで36種類あります。これらのDMでのフォローはクラスターごと、または、購入した商品ごと、そして、購入した日から何日経過して、何通目のDMなのかなど全て分かれています。それをシステム管理しており、日々、どの顧客宛にどのフォローDMを

月末時点で顧客がどのクラスターだったのかを蓄積する

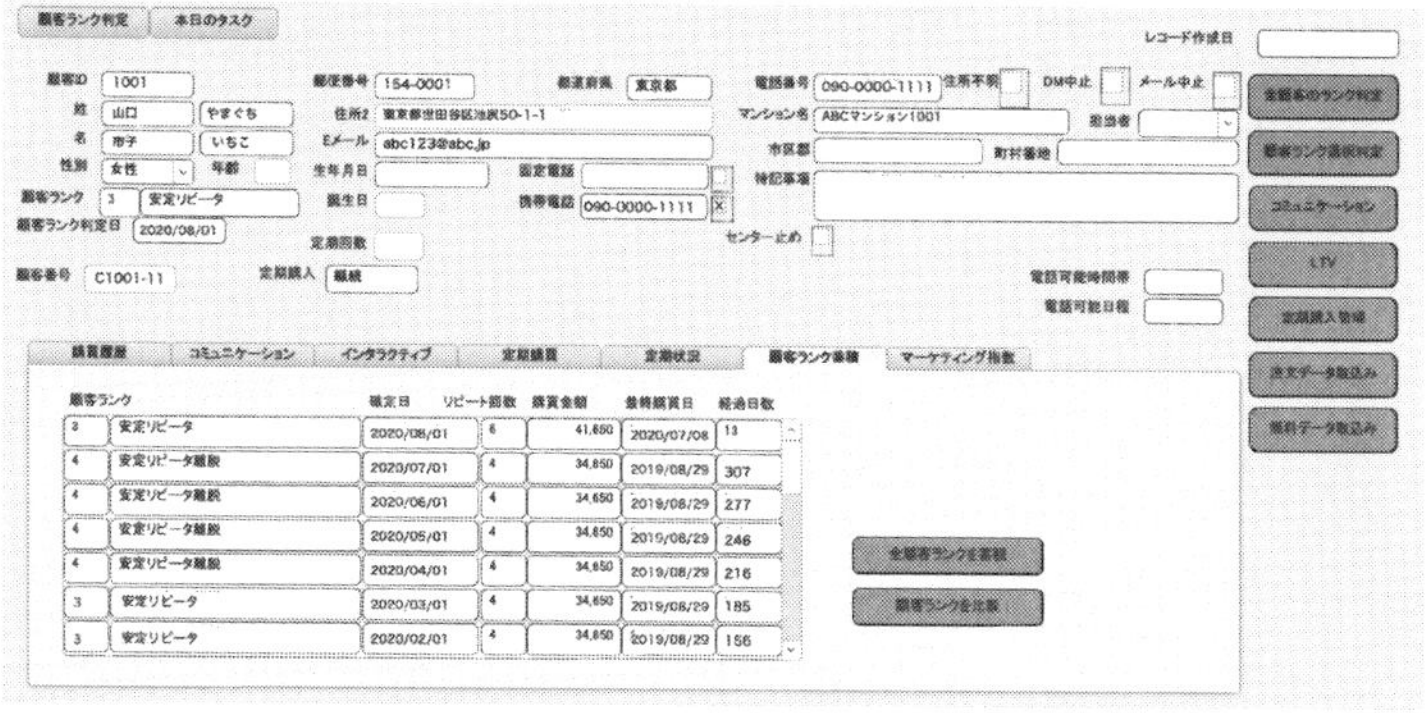

顧客のクラスターに応じたフォロースケジュールを蓄積する

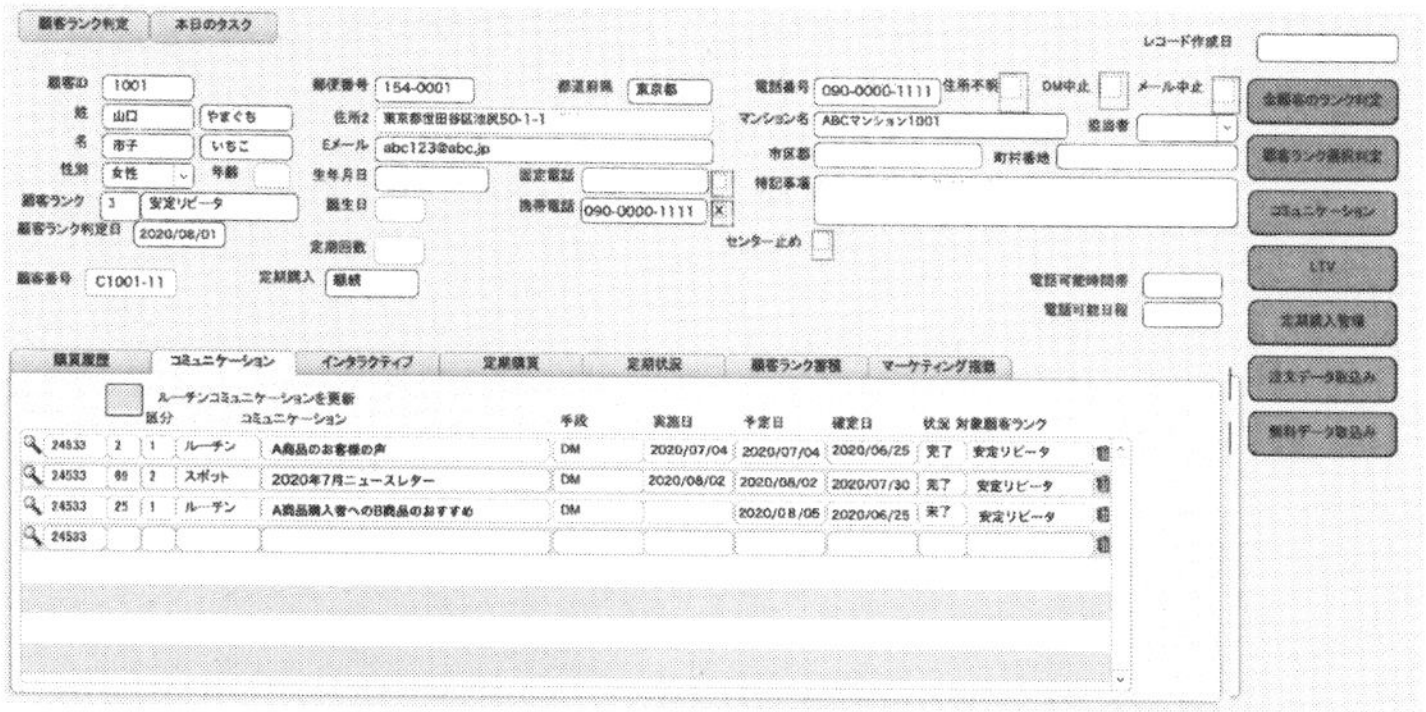

出すのかをシステマチックに行っているのです。

もちろん、それ以外に各種のステップメールも配信しています。

このように、ある程度、自動化できるところは自動化するので、本業にあまり支障なく顧客フォローを続けられます。また、これだけの自動化を目指すためには、やはり、最初のデータベース構築はシステム会社に委託する方が良いでしょう。ただし、前述した通り、あまり最初から複雑にせず、シンプルなシステムにする方がいいです。215ページにも解説しましたが、システム会社に丸投げせずに、きっちり、タスクのフローを設計してから、委託する方が良いでしょう。

顧客は何を最初に買って、次に何を買うのか？

顧客に最初に買って欲しい商品はフロントエンド商品です。

ところで、まず、フロントエンド商品をどの商品に設定するかという問題があります。私がコンサルティングしてきた会社の多くは、フロントエンド商品を設定せずに、何となく販売し

顧客フォローのシステムフロー例

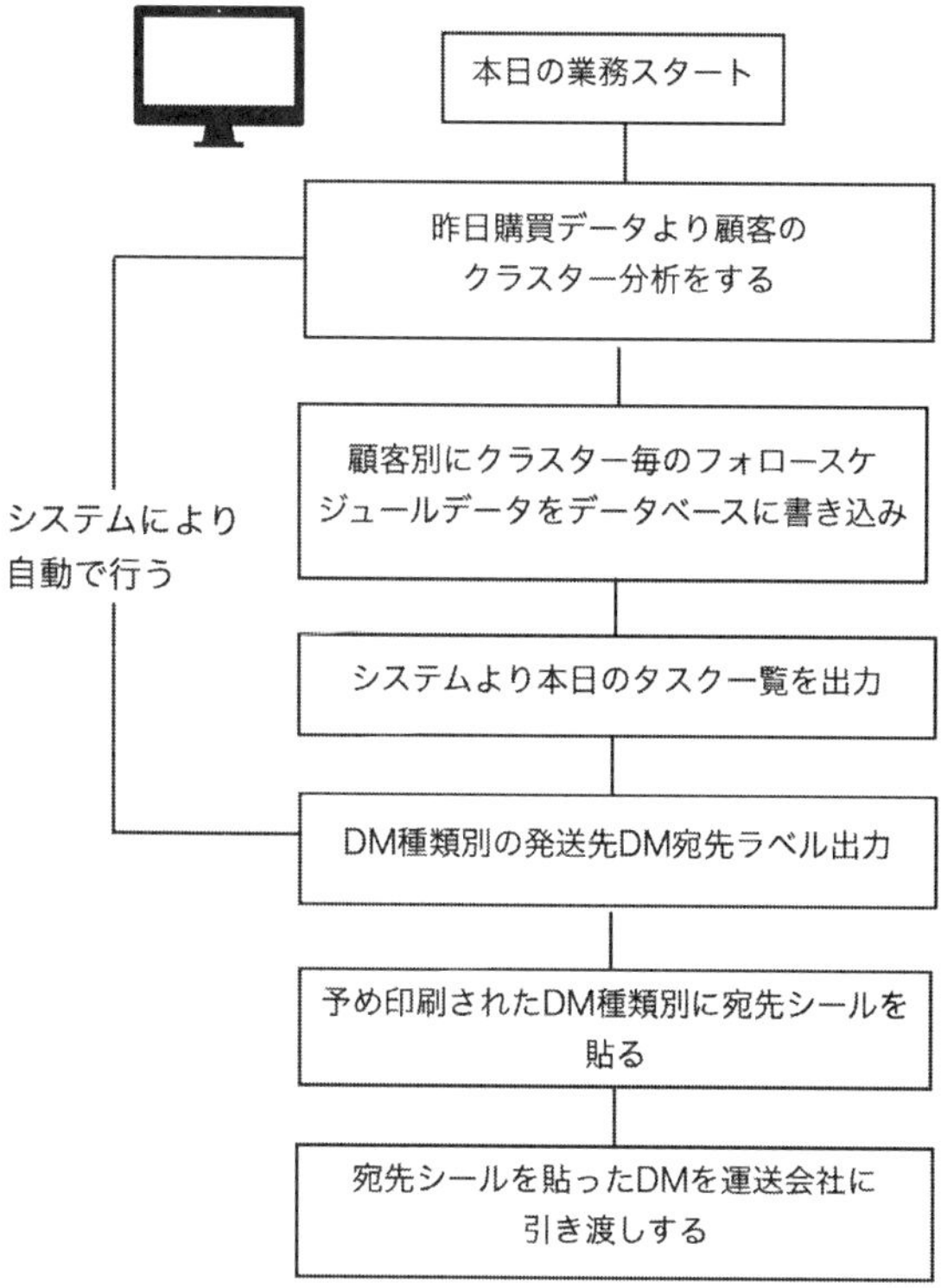

＊ステップメールは、別システムにて設定する。

ているという状況でした。そこで、フロントエンド、バックエンドを決め、その導線に沿ってマーケティング戦略を検討する必要があることをアドバイスしました。

まず、その会社で扱っている商品から、新規顧客がどの商品を買っているのかを、購買履歴データを分析することで把握しました。多くの場合、安価で手頃な商品がフロントエンドになりやすいのです。いくつかの会社で購買履歴を分析しましたが、やはり傾向的には、安価で手頃な商品でした。多くの会社においての問題点はフロントエンドからバックエンドの販売するための導線を設定していないために、新規顧客の段階でリピートせずに離脱することです。

また、新規顧客がリピートする際は、どの商品を買うのかを、前述した通り、過去の購買履歴データから分析します。それが、最も顧客が進みやすい購買行動なのです。そこで、購買履歴の集計結果から得られた顧客の購買行動を元に、最初に買う商品をフロントエンド商品とし、その次に買う商品を準バックエンド商品と位置付けました。そして、最終的に買って欲しい高額で利益率の高い商品をバックエンド商品として設定しました。この3段階（見込み客のステップも入れると4段階）の流れを設計しました。そして、この流れに顧客を誘導するためのマーケティングの全体像を構築し、それぞれタスク別の顧客フォローを計画しました。

マーケティングではカスタマージャーニーという用語があります。カスタマージャーニーとは、直訳すると「顧客の旅」という意味になります。マーケティングでは、顧客がどのような感情で商品を探したりなど、どのような判断で商品を購入しているか、顧客の行動のプロセスを理解しようというものです。それを視覚化するためにカスタマージャーニーマップという顧客が歩むであろう購入するまでや、購入した後の足取りをマップ化します。

しかし、私がここで言いたいのは、中小企業はそこまでの専門的で複雑なカスタマージャーニーを把握することは現実的に難しいです。しかし、過去の購買履歴が蓄積されたデータベースがあれば、どの順番で顧客が商品を買っているのかは、把握できます。そして、その買う順番を把握すれば、ひとまず、最初に売るべき商品だけに注力し、そのための顧客フォローの計画を立てて、そして、フロントエンド商品を買った顧客には、次の準バックエンド商品の購買を促進するための顧客フォローを計画します。準バックエンド商品を買った顧客には、最終的に買って欲しい商品であるバックエンド商品の購買を促進するためのフォローを計画します。そして、これらのフォロー計画を運用します。

つまり、顧客が進むべき道をフローチャート化するのです。この方法で、顧客の流れがシンプルでスッキリ理解できるはずです。

▼リピートに必要な情報はコレだ！

まずは新規顧客をリピーターにすることが、最重要項目になります。前述しましたが、ほとんどの会社の場合、新規顧客の段階で離脱します。つまり、一度きりの顧客がほとんどなのです。なので、勝負はここで80％は決まると言っても過言ではありません。

では、リピートをしていただくためには、どのような情報が必要なのでしょうか？

顧客フォローによるメールやＤＭなどに、どのようなアナウンスをするのかということは、第6章で、すでに解説しています。簡単に復習すると、その商品を開発した経緯、苦労話など、どうしてその商品を販売しようとしたのか、そのこだわりは何かなどです。これらは、顧客が手に取った商品がいかにして生まれたのか、そしてその結果、それだけの価値あるものを、「それが今、あなたの手にある商品なのです。」という、商品を持っていること、使うことによる価値観、特別感を感じていただくのです。

その結果、「自分がこの商品を購入した判断は適切だった。」と感じていただけます。さらに、同じ商品を購入したお客様の声を紹介することで、バイヤーズリモースを減少させます。

どうして、このようなアナウンスがリピートに繋がるのでしょうか？

その答えは、顧客との信頼関係を生むことが、次のリピートに繋がるポイントだからです。多くの会社の場合、新規顧客を獲得すると、その後はほったらかしにします。しかし、このようにすでに購入された商品についても情報をさらに深く、そして感情に訴える内容を提供されると、その商品にさらなる愛着を感じます。そして、販売しているその会社に信頼感を抱くのです。

そのような段階を経て、次のリピートを促進させます。例えば、別の商品などをお勧めします。もちろん、どうしてお勧めするのかを顧客の立場になってお勧めします。顧客はこれまでの情報提供により、「この会社は信頼できるから、この会社のお勧め商品もきっと価値ある商品だろう。」とリピートに繋がる思考をされる可能性が高まります。

離脱顧客を復活させるためには？

前述した通り、新規顧客など、顧客期間が短い顧客が離脱した場合、復活する確率は低く、ロイヤルカスタマーなど顧客期間が長い顧客が離脱した場合は復活する見込みが高いのです。

当然、離脱した顧客へは、復活していただくための、施策を設定することは必須です。

なぜなら、顧客を集客するのに、苦労して費用をかけて集客して顧客になっていただいたのに、離脱したからと言って何もしないわけにはいきません。言い方は悪いですが、かかっただけの費用と苦労を少しでも、取り返したい…そのような気持ちは理解いただけると思っています。

顧客は何らかの理由で離脱したわけですが、数ヶ月経過した時点で、その理由は解消されている可能性もあります。例えば、「商品は気に入っていたけど、収入が減ってきたので、支払いが厳しい。一旦やめます。」というお声をいただくことが結構あります。

それから、数ヶ月経過して、その方はもしかしたら、職場が変わって給料が増えたかもわかりません。または、払っていたローンが完済して余裕ができたという可能性もあります。

また、「購入して使ってみたけど、何か思っていたのと違う。」と言ってお辞めになる方もいます。「あの時は、何か違うと思っていたけど、最近また気になってきたので使ってみたい。」という方も時々います。

このような方々に対して、こちらから再開するきっかけを与えることが重要なのです。

そのための施策が必要です。考えられる方法は2種類あります。一つはDMを送ること。もう一つは電話かけることです。私はそのどちらも試してみました。結果、コストパフォーマンスと到達力がいいのは、やはりDMです。電話の場合は、アウトバウンドをすることになります。これは、テレマーケティングの費用が1件あたり数百円などコストがかかります。それでいて、電話をしても留守で顧客対応ができない場合が多いのです。時間帯を変えて曜日を変えて、何度かコールしますが、それでも多くの方と対応できない場合が多いのです。

一方、DMに関しては、前述した大判ハガキで行いました。こちらは、1通80円程度で発送できます。また、住所が変わっていて届かないという率は極めて少ないのです。DMを最後まで読んでいただいたかどうかは別としても、届いたことは確かなのです。

このように、DMで再開を促すような内容で発送しました。もちろん、再開のために背中を押す役割であるプレゼントなど顧客へのオファーも2つは入れた方がいいでしょう。

例えば、

しばらくご無沙汰しております。以前は当社のA商品をお使いいただき誠にありがとうございました。最近、あなた様からご連絡をいただいておりませんが、お変わりありませんでしょうか?最近、不規則な生活で疲れやすく感じる方が増えたとの統計資料も発表されました。〇〇様がもし、そのように感じているなら、ぜひ、当社A商品を再開されませんか?

この手紙が届いてから1週間以内に再開いただければ、当社の大人気商品のBをもれなく無料でプレゼントさせていただきます。

このような趣旨でDMを発送します。そして、最低でも3回はタイミングを見計らってDMを発送してください。

なお、2回目には、「前に同じような内容の手紙を送っていますが、〇〇様からご連絡をいただけなかったので、もう一度、送りました。」の内容を挿入してください。

また、3回目にも同様に、2回目のDMを送ったことを記載されると良いでしょう。

私の場合は、この手法で最低でも8％の離脱顧客が復活しました。

当然ながら、私はこの結果には満足していないので、さらに内容に磨きをかけて復活率を伸ばすよう、現在も改良を続けています。

顧客の購買情報の分析は難しいは誤解。実はこんなに簡単！

顧客の購買情報の分析をすることで、現在のマーケティング施策の効果があるかどうかの確認や、現在のマーケティング施策をどのように変更（バージョンアップ）させると、より効果が期待できるかがわかります。

しかし、「購買情報を分析すると言っても専門的な知識もないし、どうしていいのかわからない。」という方が多いでしょう。

本書では簡単で効果的な分析方法を解説します。仕事でエクセルを使っている方なら、ほぼどなたでもできます。

まず、データベースから顧客別に1回目に買った商品の日にちを2回目、3回目とリピートしていた日にちを抽出します。そして、1回目から2回目のリピートまでの日数の平均値、最頻値、中央値を出します。そして、2回目から3回目までの日数も同じように計算します。

平均値、最頻値、中央値がほぼ近い数値であれば、結果的にどの値を採用してもいいでしょう。しかし、これらの値に差が大きい場合は、外れ値が影響していますので、最頻値を採用するのが良いと思います。

結果的に、この値を算出することで、リピート間の最適な日数が割り出されます。それによって、顧客フォローのタイミングをどのポイントにするのが最も妥当であると判断できます。それにより、フォロー計画のタイミングを変更させます。

そして、変更後のマーケティング運用をしたデータと変更する前のデータの比較をします。これをすることで、よりマーケティングの仕組みの精度が高まります。

また、通販などで多く販売されている定期購入商品の場合の分析方法を紹介します。

定期購入商品は継続率を高めるのが最も重要な課題です。つまり、常に継続率を確認し注意しなければいけません。

それでは、購買履歴のデータから定期の継続率を分析をします。

過去の購買履歴全ての継続率を分析してもいいのですが、ここは月単位の継続率を出力し、月単位で継続率の推移を見て、今後のマーケティング計画のバージョンアップに役立てます。例えば、昨年の4月1日を開始日として1年間のデータで継続率を出力します。

前提として、今回の事例とする定期購入商品Aは、顧客から中止の連絡がない限り、毎月一つずつ届ける商品と仮定します。

まず、4月1日から4月30日の間に、定期購入商品Aの1回目を購入した顧客データを抽出します。そして、その顧客単位で購買履歴をデータベースから1年間のA商品の購買データを抽出します。つまり、購買履歴データは顧客IDと紐付いた形になっています。

データを抽出すると、4月中にA商品の1回目に購入した顧客は280人いました。そして、その顧客は5月の届日までに中止の連絡があった顧客が78名、5月に2回目を継続した顧客が202名で継続率は72%でした。そして、6月の届日までに中止の連絡があった顧客が31名、6月に3回目を購入した顧客は171人。継続率は61%です。このように、7月から翌年の3月末まで、同じように継続率を出力します。月を超えるごとに、徐々に継続率は減少します。

そして、4月にA商品の継続購入を始めた顧客の1年間のLTVも計算します。

LTVの計算方法について簡単に解説します。

1年間のLTVなので、昨年の4月に獲得した新規顧客は280人でしたので、その280人の顧客の1年間の購買履歴情報をデータベースから抽出します。そして、その280人分の購買履歴情報の合計を求め、280で割ります。それが1年間のLTVの値となります。

次に、5月中にA商品の継続購入を始めた顧客の1年間の継続率も同じように出力します。そして、同じように、LTVも計算します。そうすると、4月の顧客と5月の顧客の継続率とLTVの比較ができます。このように、毎月、決まった計算をして推移を確認します。例えば、ある月では、DMの内容を変えたり、ステップメールの回数を増やしたりした場合の前後の比較ができ、DMの内容やステップメールの回数が継続率やLTVにどのような影響があったのかが分かります。もし、継続率やLTVが増えずに逆に下がった場合、変更したフォローの内容は効果的ではないことがわかるので、直ちに元に戻すべきです。しかし、ほとんどの場合はそのようなことはなく、結果はあまり変わらないか、継続率やＬＴＶは上がるケースが多いです。

分析結果で集客システムをバージョンアップさせる

ステップメールの回数も増やした方が、接触回数が多くなるので、それだけ顧客が購入する機会を増やすことになります。

ＤＭの内容を変えることは、そもそも、もっと顧客に深い情報や顧客に寄り添った内容にしようと考えて変更しているはずですので、結果的に良い方向に向かいます。ただし、思ったほどリピート率やＬＴＶが増えていない場合は、さらなるテコ入れが必要になってきます。

どうして、ＤＭやメールの回数を増やせば、顧客との関係性が深まるのでしょうか？それは、人には単純接触効果という心理的作用があるからです。単純接触効果とはザイアンスの法則とも言われています。１９６８年にアメリカの心理学者、ロバート・ザイアンス氏の論文によって知られることになりました。

単純接触効果とは、始めは興味がないものでも、何度も接触することによって、次第に印象

リピートのタイミングの分析

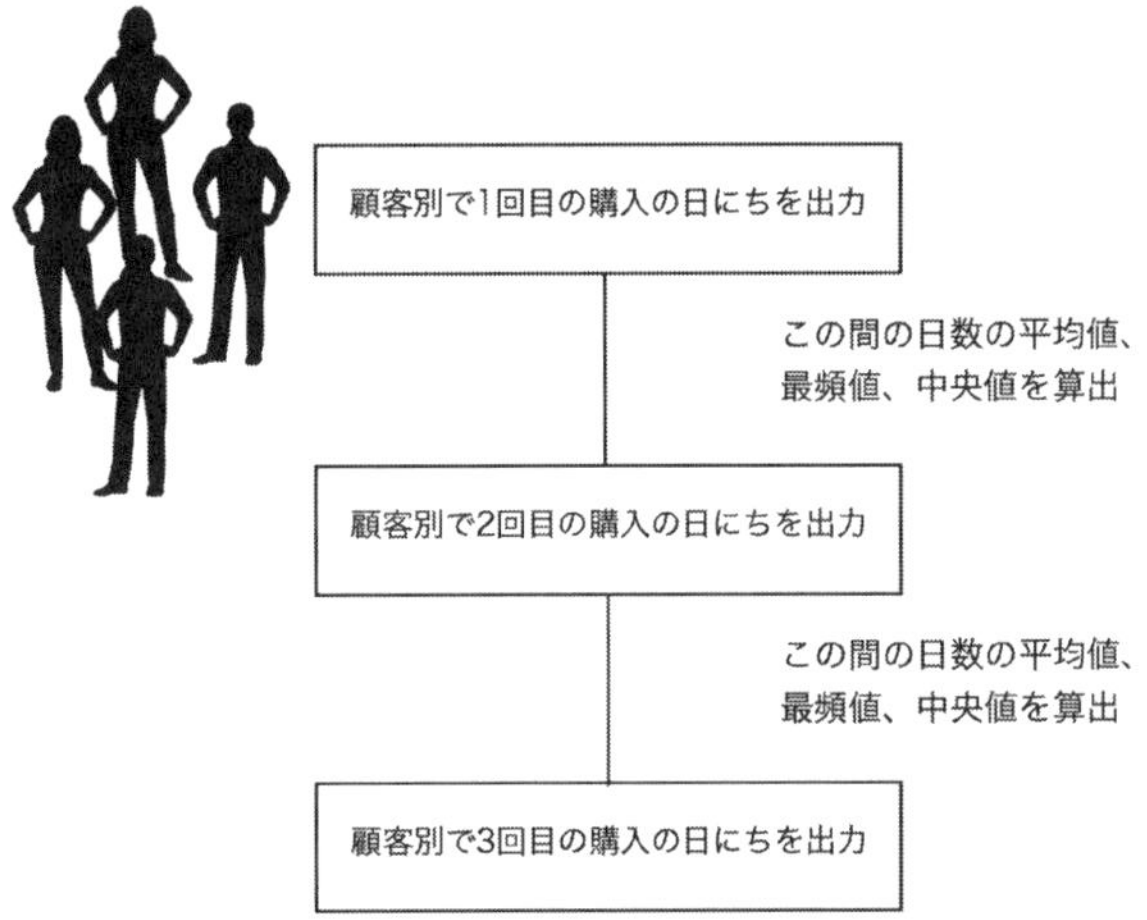

平均値、最頻値、中央値が近い数値であれば、どの値を採用してもいいが、各値の差が大きい場合は、最頻値を採る。

定期継続商品の継続率のためのデータ出力

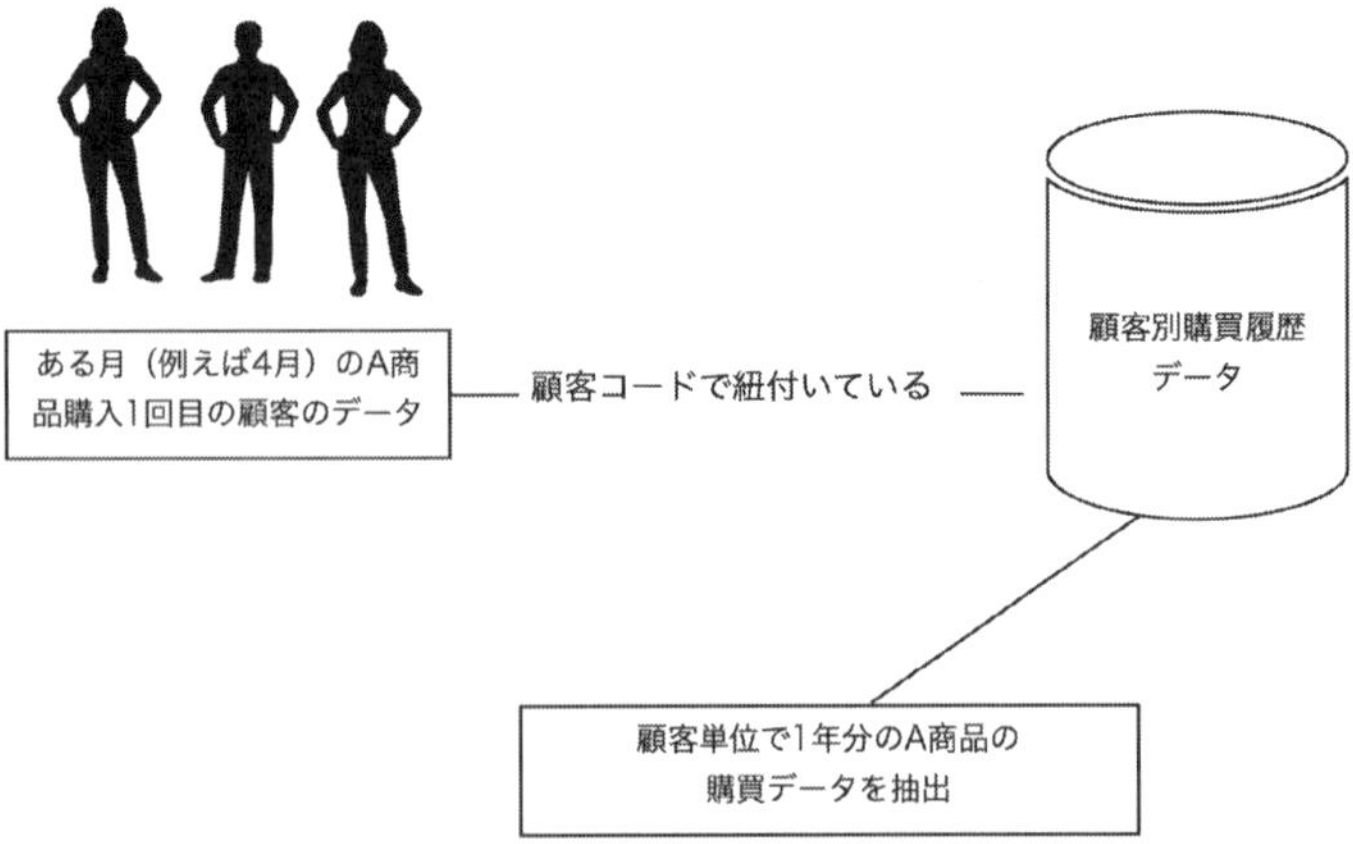

継続率の事例

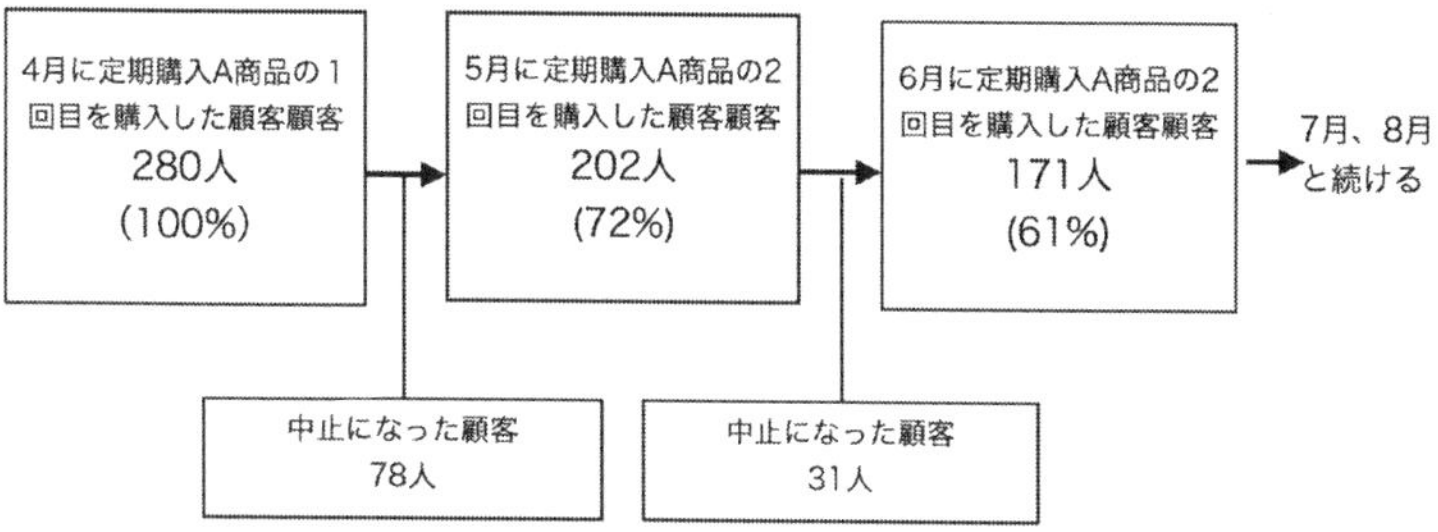
4月に定期購入A商品の１回目を購入した顧客顧客
280人
(100%)
5月に定期購入A商品の2回目を購入した顧客顧客
202人
(72%)
6月に定期購入A商品の2回目を購入した顧客顧客
171人
(61%)
7月、8月と続ける
中止になった顧客
78人
中止になった顧客
31人

LTV(ライフ・タイム・バリュー)の算出例

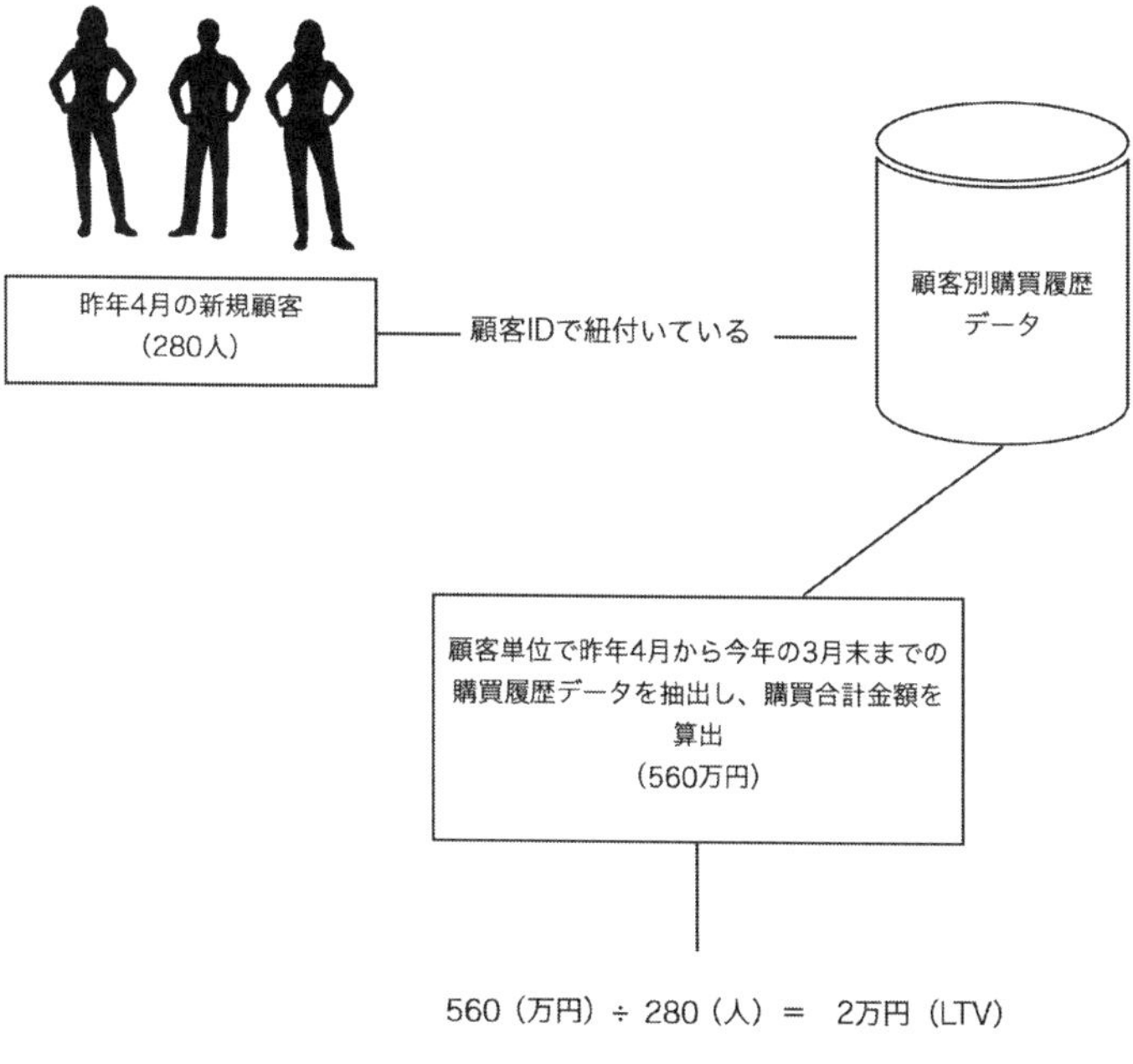
昨年4月の新規顧客
(280人)
顧客IDで紐付いている
顧客別購買履歴データ
顧客単位で昨年4月から今年の3月末までの購買履歴データを抽出し、購買合計金額を算出
(560万円)
560（万円）÷ 280（人）＝ 2万円（LTV）

が良くなったり好感を持ったりすることです。例えば、今まで会ったことのない人でも、何度か会ううちに印象に残り、徐々に親しみを感じていくという効果です。例えば、何度も同じCMを見ていると、記憶に残り、徐々に良い商品と思ってしまうといったようなケースです。

私は以前、毎日電車に乗って会社に通勤していました。多くのサラリーマンの方は、毎日、同じ時間の同じ車両の電車に乗っています。これは習慣化されてしまっているので、何も考えずとも自然にそうなってしまうのです。

そして、私の場合も同じ車両に乗っている方は毎日、ほぼ同じ人たちでした。しかも、ほぼ同じ場所にいつもいます。そんな毎日を過ごしていました。

ある日、いつも窓際に立っている「あの人」の姿は、今日はいません。私は「風邪か何かでお休みなのかな？」と心配しました。その人の名前も知らないのに、毎日、顔を合わせているだけで、徐々に親しみを覚えていました。この現象こそザイアンスの法則によるものです。もし、何かきっかけがあれば、言葉を交わすこともあると思います。そうすると、さらに親近感が強くなるでしょう。

ただし、接触するたびに、悪い印象を持つ場合もあるので注意が必要です。会うたびにネガティブな印象を持ってしまうと、その人を避けたくなります。例えば、いつも会うと、自分の扱っている商品を勧めるなどです。つまり、接触回数が多いからいいのかと言うと、売り込みばかりされては、返って印象を悪くします。だから、私はいつも、最初から売り込みはするなと言っているのです。

ザイアンスの法則を使って、接触回数を増やして、ある程度の関係性ができてから、商品をお勧めする方が、受け入れてくれ易いのです。

第9章

運や勘に頼ることなく科学的に集客する

▼成功体験にしがみつくな。思い込みを消し去れ

人間の本質は、時代が変わっても大きく変わらないでしょう。つまり、いい商品があれば欲しくなるし、自分の悩みの解決となる商品があれば、買いたくなるでしょう。

だからこそ、マーケティングも本質的には、大きく変わらないと私は思っています。しかし、その時代によってマーケット自体は変化していきます。そして、マーケットに合わせたマーケティングにしないと、集客は難しくなってしまうのです。

例えば、マスマーケティング時代では、新聞、テレビ、雑誌、チラシなどで大多数の一般大衆に対して、とにかく広告を多く出し、露出度を高めることで、集客していました。

やがて、日本の社会は成熟してきて、人々の生活も多様化してきました。それは、大衆に訴えるものではなく、専門的であったり、趣味性の高い商品など、ニッチな商品の方が好まれる傾向でもあり、以前のマーケットからは徐々に変化してきたのです。

そして、現在はネットにその舞台が変わってきました。さらに顧客は細分化し、ネット広告

をするにしても、綿密にターゲティングを絞った内容にしないと、大企業に駆逐されます。

さらにネット時代では、集客するためのフォロー媒体も様々と変化してきます。メールマガジン、ステップメール、SNSなど様々な媒体があり今後も増え続けるでしょう。また、その中で衰退していく媒体もあるでしょう。顧客フォローをどのようにしていくか、アナウンスの内容自体は変わらないと思います。しかし、新しい媒体に合わせた顧客フォローは常に変化します。集客システムは常にそれに合わせバージョンアップしないといけません。

「わが社はこれまで、この方法で集客してきた。時代が変わっても、同じように集客できるはず。」と頑固に昔のままの集客方法しかしていない会社もあります。過去には、集客に成功してきたと言う自負もあるでしょう。俺はこれでやってきたんだと言うプライドや意地もあるでしょう。確かに長年の経験に基づく経営の勘もあるでしょう。しかし、現状のデータをよく見て、明らかに過去とは変化している場合は、何かを変えなくてはいけません。そして、どのように変えるのかを教えてくれるのが、過去のエビデンスデータです。データに基づき過去と現在はどのように数値に変化があるのか。また、データを統計手法で分析して、冷静に現状を判断し、どのような売り方をすべきなのかを熟考し計画し、それを実行に移す必要があります。

正しい集客方向に修正する方法

ある会社のコンサルティングでの経験をお話ししましょう。

その会社では昔からの集客方法にこだわっていました。まず、電話帳のデータを購入して、そのデータの電話番号に電話をします。そして、商品の紹介をして購入を促す、ただそれだけです。商品を購入すると、プレゼントが付きます。確か、ディズニーランドやユニバーサル・スタジオ・ジャパンなど、テーマパークの入場チケットでした。

以前は、この方法で集客できていたそうです。当時の電話オペレーターの営業力もあって売れていたのでしょう。しかし、現状ではこの方法で売り続けていますが、かなり苦戦しています。

また、私にコンサルティングを依頼されてこられた別の会社も電話での集客を検討していました。この会社は、これまでにないユニークで新しい商品を開発したので、世の中に広めたいとのことでした。自社の販売だけでは限界があるので、代理店を募集し、代理店経由で販売することを考えていました。代理店を集めるために、電話での集客を考えていました。でも、これで集客するのは難しいだろうと、私はそう提言しました。あまり競合がいないニッチな商品なので、ピンポイントでのネット広告が良いのでは?とアドバイスしました。

しかし、どうしても電話営業を試してみたいとの強い要望であったので、テスト期間を設けて電話営業をすることになりました。その結果、やはり電話では代理店を獲得することができませんでした。しかも、かけられるコストの関係でテレマーケティングの会社には依頼せず、自社のスタッフが電話営業したとのことでした。この会社も正しい集客の方法に修正する必要があったのです。

私は数社のテレマーケティング会社と付き合いがあります。彼らに聞きますと、最近はアウトバウンドの依頼自体は減ってきているとのことです。つまり、特に最近はアウトバウンドの費用対効果が下がっているので、企業からの依頼は減っているのだと思います。私も何度かアウトバウンドの依頼をしたことがありました。トークスクリプト（電話での会話の台本）をかなり練り上げて作りましたが、予想していたほどの成果が出なかったので、私も最近はアウトバウンドの依頼はしていません。

ただ、これについては、オペレーターのセールススキルの優劣にかかる部分が多くあります。例えば、これまで営業経験がない新人オペレーターが電話でセールスしても、当然ながらあまり成果は見込めないでしょう。もちろん、トークスクリプトは同じでも声の調子や会話の間合い、臨機応変の会話など経験豊富なオペレーターはそれなりの成果を出します。コールセンター業務は精神的にきつい仕事なので、ベテランに育つまでに離職するケースも多くあるので、ますますアウトバウンドの成果は上げづらいと考えられます。

現在でもアウトバウンドで集客やアポを取るという会社は多くあります。しかし、それは自動音声でのロボコールや、外注せず自社の社員やパートが電話している場合が多いと私は見ています。なぜなら、私の自宅にかかってくる電話のオペレーターは明らかに、不慣れであったり、年配の男性だったりするからです。この原稿を書いている最中にもアウトバウンドの電話がかかってきました。「あの…アクセサリーの買取しているんですけど、必要のないアクセサリーはありますか?」と電話がありました。私はつかさず「ないです。」と答えると、「ガチャ」と電話を切られてしまいました。明らかに、自社の社員かスタッフが売上減少で、困った挙句に私のところに電話をしてきたのでしょう。これらの状況をみて、現在、アウトバウンドをしている会社は、集客に悩んでいて、困った挙句に、とりあえずアウトバウンドしている会社が相当数あるのではないかと私は考えています。

前述の会社の場合は、電話以外のセールスもする必要があります。実際に数字をみても、電話営業にかかった費用は回収できていませんので、このまま続けていても厳しいでしょう。すぐに電話営業をやめたほうが良いとまでは言いませんが、新たな方法も試す必要があります。

また、別のある会社は、チラシを作成してポスティングで集客していました。ポスティングは代行会社に依頼するとそれなりの費用がかかってしまいます。そこで、その会社は暇な時間を使って、スタッフにポスティングをさせていました。そうすると費用はチラシの印刷費用程度で済みます。そこで、お店の近所で1000通ポスティングをしました。結果はゼロでした。そこで、もう一度、1000部ポスティングをしました。それでも結果はゼロです。

それでも、数年前までは、4、5件の問い合わせがあったそうです。チラシの内容も精査する必要はあると思いますが、しかしながら、今ではこの方法は通用しなくなったのです。この会社も違う、集客方法を探す必要があります。

ちなみに、私もコンサルタントとして独立した当社に自分でポスティングをしていました。私の場合はセミナーへの集客でした。ポストのあるところならどこでも構わず、ポスティングするということはせず、建物の大きさや、職種などを見ながらポスティングをしました。とりあえず、２００部だけテストでやってみました。結果は5件の申し込みがあったのです。10年以上前だったので、まだポスティングは有効な時代だったと私は思います。

また、その際、通常のＤＭとは思えないような、封筒に入れてポスティングしたのも、少し効果があったと思います。しかし、いま、同じことをしても、おそらく、ほぼ結果は出ないでしょう。ポスティングを続けるなら、さらに工夫が必要です。

ＦＡＸＤＭ（ＦＡＸ送信によるＤＭ）もかつては多くの会社が集客に使っていました。今でもＦＡＸＤＭは活用されています。個人的な感覚ですが、15年以上前から比べるとかなり減ってきている印象があります。今ほどネットが主流でない時代では、郵送ＤＭ、ＦＡＸＤＭ、ポスティングなどリアルな媒体を使うしかなかったからです。

私がコンサルティングしていた会社が、ＦＡＸＤＭをしたいと相談されました。私は以前、セミナー集客のためのＦＡＸＤＭをしたことがありましたが成果が芳しくなったことがありました。したがって、商品やサービスの内容にもよりますが、コストパフォーマンスが低い可能性が高いので、もし、するなら少しずつ様子を見ながらした方がいいと助言しました。

そうすると、「私は以前にＦＡＸＤＭをしていたが、とても成果があったので、今回も成果があると思っている。」と言われて、一度に多くの件数のＦＡＸＤＭを送信しました。その結果、ＦＡＸＤＭにかかる費用を回収できなかったのです。つまり、思ったほどの成果が得られなかったのでした。この場合も、現在のマーケットで有効な媒体を検討して、テストをしてから集客すべきだったのです。

また、最近はメールでのセールスも盛んに行われています。私がコンサルティングしているある通販会社では、会社に届くメールの8割はメールでのセールスです。この場合のメールセールスはBtoBの場合が多いようです。いきなり販売してくるケースもありますが、そのほとんどが自社の商品やサービスのプレゼンをしたいという内容で、日時まで指定してきます。これらのメールによるセールスの場合、電話よりはるかに安価で実行できるので、電話よりチョイスとしてはいいでしょう。しかし、所詮、売り込みの要素が高く、かつ、迷惑メールとなる可能性もあります。そもそも、その商品やサービスのニーズやウォンツがある人に送っているかどうかわからないのに、一方的にメールを送信するのは、マスマーケティングの思考と同じです。

この場合も、違う方法での集客を検討する方が良いと思います。


販売するエリアが日本全国としたいなら、迷わずネット広告でしょう。前述している通り、無料か有料のフロントエンド商品を開発し、ランディングページを作成し、まずは広告のABテストを行います。ただし、ランディングページを作成するにあたり、買ってくれる顧客は誰なのか?性別、年齢、住まい、年収、職業など、その顧客像ズバリをイメージし、その人に語りかけるような内容にしないといけません。

マーケティングのPDCAサイクルを徹底する

これまでの流れを簡単に復習しましょう。まずは、あなたの会社に存在している売上伝票、顧客リストなどを掘り起こしましょう。

それを、電子化していないなら、電子化します。つまり、パソコンに入力していきます。最初はエクセルでもいいので、ざっと入力します。顧客と売上伝票は別シートに入力します。何十年もの前のデータは不要ですので、直近1年間（これは販売している商品によって変わります。）だけいいので入力してください。でも、入力が面倒で時間もかかります。ここは外部に委託することをお勧めします。

何しろ時間が勝負ですから。

すでに、会計ソフトやネットのショッピングカートで売上管理している場合は、CSVデータでエクスポートする機能（カンマ区切りのテキストデータをダウンロードする機能）があるはずですので、その機能でパソコン上にテキストデータをダウンロードします。

ここまでも解説しましたが、PCでの作業やネットでの作業など、システム関連の知識がある方以外は、実際問題としてこのような作業は、システム開発会社に委託した方がいいでしょう。なぜなら、費用はかかっても効率もよく失敗もありません。先ほども言いましたが、時間が最も貴重な資源です。慣れない作業で時間を費やすと結果的に大きな損失になります。しかし、委託するにしても、どのようなマーケティングのシステムを作りたいのかは、はっきりとあなたの中でイメージしておく必要があります。

そして、これらの情報をシステム会社に依頼して、データベース化してもらいます。データベースから顧客のクラスター化をします。会社によって変わりますが、標準的な分類としては、第7章にあった（183ページ）12のクラスターに分類するのがいいでしょう。クラスター化すれば、クラスター別に顧客フォローの計画を立てます。（198ページに解説があります）

次に、そのフォロー計画を運用できるように、データベースに組み込みします。

そして、日々、データベースに制御された顧客フォローを実行します。

例えば、顧客フォローを実行したことは、全て、データベースに自動的に蓄積されるようにシステムに組み込みします。このデータベースに制御したり組み込みをする部分についても、外部のシステム会社に相談しましょう。（213ページから関連の解説があります）

このシステムを運用して1ヶ月経過した時点で、一度、1ヶ月分のデータを抽出して分析しましょう。そして、フォロー内容を変えたり、フォロー回数を変えてみます。

さらに1ヶ月経過した時点で、その1ヶ月分のデータを分析します。そして、その前の1ヶ月のデータと比較します。比較した結果、フォロー内容を変えてよかったのか、そうでなかったのかを判断します。よかったか悪かったかの結果によりフォロー内容を変えます。そしてまた運用します。このサイクルを繰り返すことで、集客システムの精度が高まり、バージョンアップするのです。

ちなみに、各種の集計や分析については、どのデータを抽出して集計、分析するのかというのも、あらかじめ、システムに組み込んでおくことをお勧めします。そうしなと、月次の集計、分析の作業はかなり煩雑で、その他の業務の時間を奪います。

この集計、分析のプログラムはデータベース構築を委託したシステム開発会社に委託して、できるだけ自動的に行えるようにします。

まさにマーケティングのPDCAサイクルを実行するのです。

集客を運や勘に頼ることなく、科学的に行う

あなたは、経営を運や勘に頼ってするでしょうか?そのような不確実なものに頼って、経営

をすることは無謀と言えます。もちろん、強運の方や勘が鋭い方もいるでしょう。しかし、多くの人は凡人であり、そのような特別な才能を持ち合わせていません。

だからこそ、データを駆使して経営をする必要があるのです。しかしながら、なぜか集客に関しては、運や勘に頼る経営者がいます。それは、過去のたまたま、タイミングの良い時に、そのタイミングにバッチリあった広告を出した経験がある場合などです。そうなると、今でも同じような結果になるのではないかと思い、同じような広告を出して失敗しピンチに陥るのです。以前の幸運はたまたまだったからです。

また、「私の経験上、私はこのような切り口で広告すれば売れると思う…」など、それを指し示すデータがないにも関わらず、勘で集客する経営者は多くいます。

ある社長が、同じようなことを言っていました。私はどうして、そのような考えになったかを聞いてみると、「私なら、このような広告があれば買いたいと思うから。」という返答が返ってきました。確かに、その社長の考えが一般的に多くの人の考えと一致するのであれば、商品はたくさん売れるでしょう。しかし、意外に顧客は一様ではありません。商品の品質を重視する顧客、価格を重視する顧客、販売している会社の信頼性を重視する顧客、これらが一辺倒ではなく色々な要素が組み合わさっているのです。

これまで解説してきたように、顧客データと顧客の購買履歴のデータを分析し、それに基づき集客を行うことは必須です。

私は集客とは正に科学と言って良いと思っています。だからこそ、徹底的に過去のデータを分析して、未来を予測して集客の戦略を立てます。そして、データの分析はある程度の統計の手法により、統計的な裏付けを行った上で、集客をするのです。

運や勘に頼らず、データをしっかり蓄積し、そして常に分析することで、科学的な集客ができるのです。

あるコンサルタントは「最も集客を成功させること…それは商品開発だ。」と言っていました。あまり競合が少ないニッチな商品を開発できれば、つまり、ブルーオーシャン（競合が少ない市場）に参入できれば、集客するのは簡単だということなのです。

私もその意見には賛成です。しかし、そう簡単にブルーオーシャンに参入できるとは思えません。どこにブルーオーシャンがあるのかが、簡単に分かるようであれば、すでに誰かが参入しているはずです。多くの経営者が血眼でブルーオーシャンを探しています。そのような状況でブルーオーシャンを突き止め、商品を開発することは、容易でないことは誰にもわかることでしょう。

結局はデータを蓄積し、そして顧客のクラスター化行い、クラスターごとの顧客フォローを粛々と行い、そして、結果を分析してフォローをバージョンアップさせる。それがマーケティングの王道だと私は信じています。

少し話は脱線しますが、私は他のコンサルタントの方を怒らせてしまうことがありました。コンサルタントという職業は「胡散臭い職業ランキング」の常に上位います。私もマーケティング・コンサルタントを名乗っていますので、私も含めコンサルタントは胡散臭いと一般的に思われています。

私は、知人の紹介であるコンサルタントの方に会いました。私はその方との会話の中で「私を含めコンサルタントは胡散臭いし、9割のコンサルタントは、適当なことを言ってるだけの、いい加減なコンサルタントだと思っています。」とつい言ってしまったのです。そうすると、そのコンサルタント先生は怒り始めたのです。図星だからでしょうか。

しかし、とても少ないのですが、中には、「私もそう思う。」と同意してくれるコンサルタント先生もいました。

私の天邪鬼な性格が災いして、このような失礼なことを言ってしまうことは反省すべきです。しかし、私が見てきたコンサルタントは、ほとんど、机上の空論のようなことを言っているだけの方でした。

私は独立する前に、市場調査のために、様々なコンサルタントの方のセミナーに参加したり、実際にコンサルティングも受けてみました。中には1年以上も継続してコンサルティングを受けたこともあります。そこで、「この人は、本当にこれで集客できると、思っているのだろうか？」と疑問に感じていました。

通販会社のコンサルティングをしている際に、別の通販専門のコンサルタントの方と、短期間でありましたが、一緒に仕事をしたことがあります。そのコンサルタントは多くの通販会社をコンサルティングしていて、通販業界では、そこそこ有名な方でした。

いつも自信たっぷりで、大手の通販会社もコンサルティングをしていましたし、かなりの実力者だと思っていました。
その後、その方が、コンサルティングだけでなく、自分で通販会社を立ち上げて経営者となったと聞きました。そして、しばらくしてその通販会社は倒産したそうです。
自分の事業では、集客できずに失敗したのです。その後は、まったくそのコンサルタントの話は聞かなくなりました。どうやら、通販業界から足を洗ったようです。いかに、実際の現場に入ってマーケティングを運用して成功させることが難しいかということがわかった事例です。

私は「コンサルティングは決して机上の空論であってはいけない。」と思っています。そして、常に現場のマーケティングを運用続けることで、マーケティング理論のアップグレードをする必要があるのです。ですから、私は自分の論理がどれだけ合っているのか、間違っているのなら、どこなのか、それは、自分で体験するしかないと考えていました。

そこで、ある通販会社のマーケティング関連を全部任せていただいて、CRMのシステム開発からマーケティング戦略の構築、顧客フォローの運用と管理、データの分析、そして、実際に毎日、フォローDMを私自身で発送していたのです。さらに顧客からの問い合わせ、注文を毎日、全てに目を通しました。さらに、顧客からのメールの対応、また、商品の手配や在庫の管理まで（直接、マーケティングとは関係ないものまで）していたのです。しかも10年以上、その業務を遂行していたのです。

その結果が本書で解説したマーケティングと統計の活用方法とその仕組みなのです。

おわりに

経営者は、毎月、毎日の売り上げのデータを最も重要視していることでしょう。もちろん、売り上げは重要です。売り上げを増やし、利益を上げることがビジネスの最終目標ですから。

しかし、その売り上げをもたらしてくれるのは、顧客です。その顧客はどうして、あなたの商品を買ってくれているのでしょうか。どうしたら、もっとリピートしてくれるのでしょうか。

その答えが、あなたの会社に眠っている過去のデータにあるのです。


情報は経営する上で、とても重要です。過去の反省と、今後、どうすればもっと売り上げが増えるのかのヒントを教えてくれます。

そのためには、情報を分析する方法を知る必要があります。しかも、統計学に基づいた手法で分析することで、勘や運に頼ることなく、確かな現状を冷静に把握することができるのです。

まずはあなたの会社独自のマーケティングに活用できるデータベースを構築することが必須です。それにより、現状の顧客の実態について確実に把握できます。

顧客の実態について把握できれば、顧客のクラスター化ができます。そのクラスターごとに顧客フォローの計画を立てましょう。そして、その顧客フォローが遅滞なく実行できるように、データベースに組み込みします。つまり、システム化です。

データベース構築から顧客フォローの計画、そして実行内容の蓄積、これらの一連のシステム化は、データベースから一歩前進したCRMとなります。CRMは、カスタマー・リレーション・マネジメントの言葉の通り、管理のためのシステムですが、私はこれをマーケティングシステムと捉えています。そして、中小企業に適した、より簡便なそして、より効果的な一連のシステムを私は「関係性マーケティング」と呼んでいます。

このシステムでは、会社ごとの販売管理の流れに沿ったものであり、前述した通り、机上の空論から生まれたものではありません。私がマーケティングの現場で試行錯誤の結果、生まれたものです。多くのコンサルタントは、実際に企業の中に入って、マーケティングの計画を立てたり、日々、それを運用し、そしてデータ分析をしている人は、ほとんどいないと思います。もちろん、前職の会社のマーケティング担当をしていて、退社後にコンサルタントとして独立した方は多数おられます。しかし、私のように現状でも現場でマーケティングの計画立案、運用、管理、分析を続けているコンサルタントは皆無でしょう。

そして、このように現場で培った経験と多数の企業のコンサルティングしてきた経験もそこにプラスした結果、このシステムである関係性マーケティングを創り上げてきました。

また、マーケティングは顧客の感情も注視しないといけません。顧客はどのような行動をして購入するのか、それらを過去のデータを分析することで把握できるのです。そして、その分析結果により、マーケティングの計画がよりバージョンアップされ、どんどん、あなたの集客システムは精度が高くなります。それを日々、繰り返すことで、他社より圧倒的な優位な立場に立つことができるのです。なぜなら、他社にはない、あなただけの会社の集客エンジンがあるからです。

ぜひ、あなたの会社だけのデータベースを構築し、日々のデータを蓄積してください。そして、データベースの顧客データをクラスター化して、顧客をグループ化してください。そのクラスター別に顧客フォローを計画して、その計画が遅滞なく粛々と実行できるように、システム化してください。そして、そのようにしてデータベースに蓄積されたデータを、簡単な統計分析をして、常に数値をチェックしてください。そして、その分析結果に基づきさらに、集客システムをバージョンアップさせてください。

後は、この流れをグルグルと繰り返すのです。このサイクルを回し続けることにより、あなたの会社に未来永劫の資産となる集客システムができ上がるのです。

▶著者プロフィール

三宅康雄（みやけ・やすお）

広告代理店勤務を経て海外留学を経験。

その後、データベースマーケティングの仕事に就く大手製薬業、広告代理店など大企業を中心にデータベースマーケティングのアドバイスを行う。

2006年に株式会社エボリューションズを設立。

マーケティングコンサルタントとして中小企業など数多くの企業のコンサルティングを手がける。

多くのコンサルティング経験よりCRMをベースとした顧客との関係性を構築し多くのロイヤルカスタマーを生み出す、関係性マーケティングを創出した日本で唯一のコンサルタント。

このマーケティング戦略により16倍もの売り上げ増を達成した会社もある。

著書
「私のことわかってくれてる！」とお客様に喜んでもらうには（あさ出版）

行列顧客ができる、利益を生み出す
統計学マーケティング

2021年5月13日　初版第1刷発行

著　者　　三宅康雄
発行者　　日本橋出版
〒103-0023　東京都中央区日本橋本町2-3-15
共同ビル新本町5階
電話　03(6273)2638
https://nihonbashi-pub.co.jp/
発売元　　星雲社（共同出版社・流通責任出版社）
〒112-0005　東京都文京区水道1-3-30

ISBN 978-4-434-28576-9　C0034